SEHNSUCHT ALM

Vom Glück des einfachen Lebens

›› Auf der Alm findet jeder Abstand zum Alltagsleben.‹‹

Michael Hinterstoißer,
Almwirtschaftlicher Verein Oberbayern

KARIN LOCHNER PETER VON FELBERT

SEHNSUCHT ALM

Vom Glück des einfachen Lebens

BRUCKMANN

INHALT

» Die Sehnsucht nach dem Almleben ist wie ein Fieber. Irgendwann konnte ich diese Sehnsucht nicht mehr ignorieren. «

Martina Fischer, Sennerin auf der Laubensteinalm

STATT EINES VORWORTS …

Normalerweise steht an dieser Stelle ein Vorwort. Aber das wäre zu wenig für ein Buch, dessen Realisation von der ersten Idee bis zum Druck drei Jahre gedauert hat. Viele Menschen haben geholfen, dass es zustande kam. Wir danken ihnen allen – vor allem den Sennern und Almbauern, die uns das wahre Leben auf ihren Almen gezeigt haben. Bei der ersten Terminabsprache am Telefon – lange bevor wir überhaupt einen Fuß auf eine Alm setzten – wäre ich beinahe selbst Sennerin geworden. Es war ein Missverständnis mit einem Almbauern, und es sagt mehr, als jedes Vorwort könnte:

Grüß Gott, ich heiße Karin Lochner. Ich bin Journalistin und habe Ihren Sohn auf der Almakademie kennengelernt und wollte fragen …
Grüß Gott! Des is aber schee, dass du anrufst!

Ja? Danke. Ich wollte zur Alm …
Des g'freid mi.

… zur Alm Folgendes fragen …
Des g'freid mi sauba.

Wär' denn Ihr Sohn zu sprechen?
Naa, geh weiter. Der is doch jetzt im Stall.

Wann kann ich ihn denn erreichen?
Schwierig. Manchmoi sieg i ihn kaam. Der is in so vui Vereine.

Hm. Wann darf ich denn wieder anrufen?
I ko dir doch aa ois über unsere Alm sagen.

Ja, also am besten wäre es, wenn ich mailen könnte, worum …
Naa. Des geht ned. Mia ham koa Internet.

Und Ihr Sohn?
Der aa ned.

Aber er hat vielleicht ein Handy?
Des hat er scho lang verlorn.

Dann schick ich ihm einen Brief mit der Post, oder? Dann bräuchte ich Ihre Adresse.
Warum? Mia können doch mittanand reden.

Gut. Dann stelle ich Ihnen ein paar Fragen zur Alm. Haben Sie jetzt Zeit?
Warum du? I muass dich doch fragen.

Äh, ja, gut. Was wollen Sie von mir wissen?
Warst du scho an Sommer auf da Alm?

Nein, äh, ich … ich wollte einen Termin für Ihre Alm ausmachen.
Warst du überhaupt scho Sennerin?

Nein. Ich wollte eigentlich …
Au weh, des wird schwer. Mia ham auf unserer Alm ja vier Milli-Kiah. Und a Sau und Henna.

Ja, das würde ich alles gern kennenlernen. Ihr Sohn hat gesagt …
I glab, dass du des schon no lernen kannst. Kommst halt und hilfst mit im Stall. Dann lernst d'Milli-Kiah kenna. Und d'Sau und d'Henna.

Äh, ich wollte eigentlich nur …
Mia san heuer so spät dro. Weil da Hansi nimma auf d'Alm kann. Der is ja jetzt fest bei am ganz großn Milli-Bauern. Kennst du an Hansi?

Ja, den Hansi habe ich auf der Almakademie kennengelernt. Und Ihren Sohn. Deswegen würde ich gern Ihre Alm mit ins Buch …
Des is ja ganz guad! Dann werd des was mit uns zwoa. Mia trei'm Anfang Juni unser Vieh auffe. Vier Milli-Kiah. D'Sau kommt spada. D'Henna bestimmst du.

Der Ausblick von der Laubensteinalm auf den Chiemsee. Fast wäre Karin Lochner selbst Sennerin geworden. Den Almstock, das wichtigste Arbeitsgerät auf der Alm, hat sie schon fest im Griff.

Wir würden am liebsten kommen, wenn alle Tiere auf der Alm sind. Das ist besser für das Almbuch.
Sauber, sog i! Mia zwoa kemman zam! Welches Almbuch?

Das Almbuch, im dem es ein Kapitel über Ihre Alm geben soll, wenn Sie einverstanden sind. Deswegen ruf ich ja an, um einen Termin auszumachen.
Und wer schreibt des Almbuch?

Ich. Ich bin die Autorin. Ich hab Ihren Sohn und Ihren Senner Hansi auf der Almakademie getroffen, und die beiden haben gesagt, dass Ihre Alm …
Du schreibst a Buch? Hast du ned wegen unserer freien Almstelle ogruafn?

Nein, das ist ein Missverständnis. Ich wollte …
Schad. Jetzt wo wir uns so schön verstanden ham. Kennst du vielleicht jemand?

Von diesem ersten Telefonat an war klar: Es wird spannend. Genug der Worte, nun bitte einfach blättern. Ich hoffe, Sie können mit diesem Buch Ihre Sehnsucht nach dem wahren Almleben ein wenig stillen!

Ihre Karin Lochner und Peter von Felbert,
im Mai 2018

SCHÄRTENALM

» Die stille Abgeschiedenheit erlebe ich gerade abends als großes Geschenk. Wie schön, dass ich das mit meinen Gästen teilen kann!«

Annemarie Graßl, Sennerin auf der Schärtenalm

EIN WOCHENENDE AUF DER ALM

Der Mond taucht den Bretterverschlag in silbernes Licht. Fast nobel sieht es dadurch aus, das Klohäuserl mit Herzloch. Die Schärtenalm ist eine Seltenheit, weil es hier – ganz offiziell – Übernachtungen gibt.

Wer abends mit der Wirtin Annemarie unter freiem Himmel sitzt und ein Bier oder einen Tee aus selbst gepflückten Kräutern trinkt, wird nachts mal raus müssen. Und über die Schönheit im Mondlicht staunen: Käuzchen, die rufen. Sonst nur Stille. Nach einer andächtigen Betrachtung und anschließender Erleichterung auf dem Häusl geht es zurück zur Bettstatt – entweder ins einzige Doppelzimmer oder in ein Lager mit fünf breiten Matratzen. Alle Schlafgelegenheiten sind unterm Dach. Die Nacht verbringt man in fluffigen Federbetten und karierter Bettwäsche – mehr Almerlebnis geht nicht.

Annemarie vergibt ihre Schlafplätze mit Fingerspitzengefühl. Nur wenn sich Gruppen gemeinsam anmelden, kommen sie ins Mehrbettzimmer (oben). **Seit fünf Generationen** ist die Schärtenalm in Familienbesitz. Annemarie teilt sich die Sommerresidenz mit sechs Kälbchen (rechte Seite).

EINFACHE WANDERUNG MIT SÜSSER BELOHNUNG

Ausgangspunkt: Ramsau, Pfeiffenmacherbrücke (Parkplatz), bzw. Hintersee, Parkplatz Seeklause am Ostufer
Anfahrt: A 8 bis Ausfahrt Siegsdorf/Traunstein und über die B 305 nach Ramsau bzw. zum Hintersee. Oder per Bahn nach Berchtesgaden und weiter mit RVO-Bus 846 nach Ramsau bzw. zum Hintersee
Tourencharakter: Beide Anstiegsvarianten zur Schärtenalm sind leicht und verlaufen ohne besondere Anforderungen auf guten Wegen.
Gehzeiten: Von der Pfeiffenmacherbrücke: Aufstieg: 2.30 Stunden, Abstieg 2 Stunden; vom Parkplatz Seeklause: Aufstieg: 1.45 Stunden
Tourdaten: 575 Höhenmeter, 3,5 Kilometer

Das ist Wirtin Annemarie Graßl aus der Ramsau zu verdanken. Sie ist Gastgeberin mit Leib und Seele, heuer ist ihre elfte Almsaison auf der Schärtenalm.

GÄNSEBLÜMCHEN UND FRÖHLICHE KÄLBCHEN

Vasen mit Wiesenkräutern und Tannengrün verbreiten einen würzigen Duft. Die Schiefertafeln, die die Speisen ankündigen, sind mit Latschenzweigen und Almrausch verziert: Heute, so steht es mit Kreide drauf, gibt es Weißwürste und Goldtröpfchenkuchen. Oder kommt der gute Geruch von der Kälberwiese, die mit ihren vielen floralen Farbtupfern fast ein wenig surreal wirkt? Gänseblümchen, Frauenmantel, Schafgarbe, Mehlprimel, Butterblumen und Vergissmeinnicht wachsen auf dem eingezäunten Areal wild durcheinander. Dazwischen stehen sechs fröhliche Kälber.

Ihre Kälbchen muss Annemarie weder melken noch deren Stall ausmisten. Nur nach ihnen schauen und Salz bringen, sie bei schlechtem Wetter oder Krankheit in den Stall lassen, eventuell den Tierarzt holen. Zum Ausgleich hat Annemarie jede Menge Wanderer, die sich mit ihren Speisen stärken oder gleich übernachten wollen. Mit Wanderern und Kälbchen teilt sie sich die Alm auf 1359 Metern Höhe von Anfang Mai bis zum 3. Oktober. Fast ist Annemarie eher Wirtin als Sennerin: Seit fünf Generationen ist die Schärtenalm in Familienbesitz, schon der Großvater bekam 1935 die Gaststätten-Lizenz. Deswegen darf hier auch geschlafen werden. Und für eine Alm gibt es eine gut bestückte Speisekarte.

Die Schärtenalm liegt auf halbem Weg zwischen dem Hintersee und der Blaueishütte. Die Berge links sind die Schärtenspitze und die Blaueisspitze. Ganz hinten ist der Hochkalter sichtbar, davor die Rotpalve und die Schärtenwand.

Die Schärtenalm liegt etwa auf halbem Weg zur Blaueishütte, mitten im 1978 gegründeten Nationalpark Berchtesgaden am Fuß des Steinbergs. Der gehört zum Hochkaltermassiv: Wilde Linien stürzen auf und ab. Die Natur wird hier zwar sich selbst überlassen, aber die Almwirtschaft darf trotzdem noch auf traditionelle Weise erfolgen. Bei der Gründung des Nationalparks musste man die bis ins 14. Jahrhundert zurückreichenden Erbrechte der Almbauern berücksichtigen.

BLAUE BELGIER ALS RASENMÄHER

Die Schärtenalm ist ein besonderer Ort, wo ein feines Pilzbodenaroma die Nase kitzelt. Es kommt aus dem schattigen Bergwald, der die Alm umgibt. Die Wiesen sind so steil, dass die Tiere eigentlich Steigeisen an den Hufen bräuchten. Aber nein: Die Kälber Ophelia, Glückei, Genoveva, Rosmarie und Mathilde bewegen sich sicher und anmutig durchs Gelände.

Annemarie stemmt die Hände in die Hüften und ruft: »Mathilde!« Das Kälbchen zählt zur Rasse der Blauen Belgier. »Deswegen ist sie nach der belgischen Königin benannt«, erklärt Annemarie und schmunzelt. Dann, ernster: »Ohne die Almtiere wären die Weiden vom Bergwald schnell zugewachsen.« Sie beugt sich über das Gatter, das das Kälbchen-Gehege einzäunt. Annemaries seidige blond-graue Haare fallen ihr vors Gesicht, weil sie so weit hinunterschaut. Schwindelfrei? Sollte sie schon sein, mutmaßen die Gäste, die in Sichtweite sitzen.

Die Kälber sind natürliche Rasenmäher für die Steilhänge, eine einzigartige Kulturlandschaft mit seltenen Pflanzen und Insekten. Ohne die Almwirtschaft würde sie für immer verschwinden. Ur-

Jeden Tag schreibt Annemarie Graßl die Speisekarte und hängt sie gut sichtbar für die Wanderer auf. Bekannt ist die Schärtenalm für die köstlichen selbstgemachten Kuchen.

sprünglich trieben die Bauern im Sommer das Vieh von ihren Höfen in die Berge, weil so im Tal das Futter für den Winter länger reichte. Auch Annemarie und ihr Mann Toni betreiben in der Ramsau eine kleine Landwirtschaft in vierter Generation.

ARBEITEN NACH DEM MONDKALENDER

Von dort kommen Mathilde und die anderen Kälber. Letztes Jahr war Georgia der Liebling der Sennerin, Spitzname »s' Schorscherl«. Bei ihrer Ankunft musste Annemaries Mann Toni das Kälbchen wie eine Braut über die Schwelle in den Stall tragen. Georgia war so gemütlich und gutmütig. Sie sollte schon zum Schlachten, weil sie nach drei Jahren immer noch nicht trächtig wurde. Annemarie bettelte bei ihrer Familie um eine Verlängerung für Georgia – und es klappte. Die Freude war groß, aber sie währte nicht lang: Im sechsten Monat brach sich Schorscherl auf den steilen Hängen der Alm ein Bein. Sie und ihr ungeborenes Kalb überlebten den Unfall nicht. Man hört Annemaries brüchiger Stimme an, dass sie noch immer um »s' Schorscherl« trauert.

Umso mehr freut es sie, dass diesen Sommer bisher alles unfallfrei läuft. Annemaries grüne Augen blitzen. Sie pendelt tagsüber mehrmals zwischen Kälbchen und Gästen hin und her. Gerade müssen die Besucher ohne Gastgeberin auskommen, denn Annemarie eilt mit federnden Schritten der Reihe nach zu allen Kälbchen. Aber es ist ja Sofia da. Ihre Enkelin unterstützt die Wirtin am Wochenende beim Servieren, beim Spülen und beim Kuchenbacken. Die ganze Familie hilft zusammen. Auch ihr Mann Toni bringt regelmäßig Nachschub aus dem Tal: Getränke, Kartoffeln, Eier, Mehl, Zucker.

Almromantik auf der Schärtenalm. Manches Schmuckstück stammt noch von Annemaries Urgroßeltern (links). Alles in Annemaries klitzekleiner Küche ist blitzblank (rechte Seite). Enkelin Sophia, 16, hilft am Wochenende regelmäßig mit (unten rechts). Annemaries Goldtröpfchenkuchen (unten links)

Jetzt im August flirrt die Luft in der Mittagshitze. Alpha-Kalb Genoveva liegt an den Hang geschmiegt beim Wiederkäuen. Ihre Glocke geht leise, wie eine Pusteblume, sie schaut Annemarie schläfrig an. Die Sennerin bringt ihren Schützlingen Salz. Dankbar lecken sie es ab. »Wie Kinder, die sich über ein Eis freuen«, sagt sie lachend und wischt sich die Hände an der Dirndlschürze ab. »Die beste Arbeitskleidung«, bemerkt sie dabei. Auch für das Schwenden, das zu ihren Aufgaben gehört: Sie muss die Berghänge von Ungenießbarem für ihre Kälber befreien. Dafür schneidet sie Almrausch und Latschenschösslinge aus den Hängen und nimmt sie lieber als Dekoration für die Alm. Annemarie arbeitet nach dem Mondkalender, wie viele Bauern – wenn der Mond in der Jungfrau steht, geht ihr das Schwenden leichter von der Hand.

VEGANES GLÜCK IM LEISEN DÄMMERLICHT

Die Natur sei ein guter Lehrmeister, um wieder zu sich selbst zu finden, erklärt Annemarie. Am Almleben liebt sie alles, besonders die Abende, wenn der Himmel anfängt zu glühen und das Licht sich in einem fort ändert. Oder vor einem Gewitter, wenn die aufgetürmten Wolken an eine rennende Schafherde erinnern. Aber genauso mag sie die ganz gewöhnlichen Abende. Die Dämmerung, das ist die leiseste Zeit: wenn es allmählich dunkel wird und von einer Minute auf die andere kein Geräusch mehr zu hören ist. Denn auf der Schärtenalm kann es tagsüber laut und voll werden. Manchmal haben Annemarie und Sofia selbst nur Zeit für das Frühstück. An diesen Tagen gibt es erst wieder abends eine Mahlzeit für sie. So viel ist los.

Auf der Speisekarte stehen sogar glutenfreier Nusskuchen und vegane Kartoffelsuppe. »Mei«, sagt Annemarie amüsiert, »die war immer schon vegan, jetzt schrei'm ma's dazu, und sie ist der Renner!« Eine ihrer drei Töchter hat Zöliakie, daher der glutenfreie Nusskuchen. Auch er ist ein Hit und ganz einfach zu machen: Annemarie ersetzt nur das Weizenmehl durch Kartoffelstärke – kein Hexenwerk. Aber Spitzenreiter ist der Topfenkuchen, »Goldtröpfchen« genannt. Luftig leicht, er schmeckt nach Kindheit und nach Bergblumenwiese.

Genauso fühlen sich die Übernachtungen an: nach einer vergangenen Zeit und längst vergessenen Eindrücken. Macht nichts, wenn man nachts aufs Häusl muss. Da kann man im Mondlicht spüren: Die Zeit ist auf der Schärtenalm zwar nicht stehen geblieben – aber Annemaries Alm ist einfach zeitlos.

Goldtröpfchenkuchen

SO GELINGT'S

Teig: 200 g Mehl, 100 g Butter, 100 g Zucker, 1 Msp. Backpulver, 1 Prise Salz, 1 Ei

Füllung: 2 Pck. Vanillepuddingpulver, 1 kleine Tasse Zucker, 1 kleine Tasse Milch, 1 kleine Tasse Sonnenblumenöl, 3 Eigelbe, 1 kleine Dose Mandarin-Orangen mit Saft, 750 g Quark

Belag: 3 Eiweiß, 3 EL Zucker

Alle Zutaten zu einem Mürbteig verkneten. Eine 28er-Springform ausfetten und bemehlen, den Teig reindrücken und dabei einen Rand hochziehen.

Alle Zutaten für die Füllung (bis auf den Quark) miteinander verrühren und zum Schluss den Quark unterrühren. Die Quarkmasse auf den Teig in die Form schütten und den Kuchen bei ca. 150 °C Heißluft 50 Min. backen.

Das Eiweiß mit dem Zucker steif schlagen, auf den Kuchen geben und nochmals 10 Min. backen.

Der Kuchen schmeckt lauwarm am allerbesten!

Je höher die Alm,
desto strenger der Wind,
Je schöner das Dirnderl,
desto klaner die Sünd!

LAUBENSTEINALM

Martina hat alles, was eine gute Sennerstelle ausmacht: » Einen guten Platz, eine gepflegte Alm und einen guten Almbauern im Tal.«

SENNERIN AUS LEIDENSCHAFT – SO SCHAUT GLÜCK AUS

Martina Fischer kann sich kaum sattsehen: Schön wie in einem Heimatfilm breitet sich das Chiemgau vor ihr aus. Hier oben auf der Alm ist die Welt weit, frei und unbelastet. Aufstehen, bevor der Morgen graut. Mähen, wenn die Sonne scheint. Holz hacken, wenn sie Lust dazu hat. Und zu Bett gehen, wenn die Sterne am Himmel scheinen. Alm-Glück pur.

Die Kälber recken die Köpfe, als sie die vertraute Stimme ihrer Sennerin hören. »Kimm Kaibai, kimm Kaibai«, ruft Martina Fischer. Die schlanke, drahtige Sennerin steht in ihren Bergstiefeln so aufrecht wie der Kalkfelsen hinter ihr und rasselt mit der ledernen Salztasche. Auf ihren Lockruf hin laufen die Jungrinder übermütig auf sie zu und schlecken mit ihren rauen Zungen nach der Leckerei.

EINE ALM WIE AUS EINEM HEIMATFILM

Ausgangspunkt: Wanderparkplatz Lederstube bei Frasdorf
Anfahrt: A 8 München–Salzburg bis Ausfahrt Frasdorf, in den Ort und kurz vor der Kirche links Richtung Sagberg/Lederstube, nach 700 Metern an einer Verzweigung rechts und bei der nächsten Kreuzung geradeaus zum großen Parkplatz. (Alternativ vom Wanderparkplatz Soilach bei Frasdorf starten und über die Winterstube zur Schmiedalm wandern.) Bahn bis Rosenheim. Bus 9502 nach Frasdorf. 1,7 km zum Parkplatz Lederstube.
Tourencharakter: Leichte Bergwanderung auf Forst- und Bergwegen, noch nicht überlaufen und mit grandiosen Ausblicken auf die Seen
Gehzeiten: Aufstieg: 2 Stunden; Abstieg: 1.30–2 Stunden
Tourdaten: 700 Höhenmeter, 7 Kilometer

In der stillen Abgeschiedenheit der Berge verbringt Martina Fischer die Sommer. Seit 2011 arbeitet die gelernte Krankenschwester als Sennerin: Sie füttert die Kühe, mistet den Stall aus, macht Butter und Käse. Auf drei verschiedenen Almen hat sie bereits gearbeitet – der Rampoldalm, der Laubensteinalm und der Krottentaler Alm.

Ihre Erfahrungen sind für die Sennerin unendlich wertvoll. Sie rechtfertigen, dass sie in den drei bis vier Monaten Almzeit auf vieles verzichten muss: auf fließend warmes Wasser zum Duschen, auf etliche Stunden Schlaf und auf die Auftritte der beiden Kapellen, in denen sie Flügelhorn spielt. Wenn Martina auf der Alm ist, kann sie nicht mal eben zu einer Geburtstagsfeier ins Tal huschen oder einkaufen. Sie muss mit dem Vorhandenen auskommen. Und improvisieren. Auch Kino oder regelmäßige Yogastunden fallen im Almsommer aus. »Trotzdem: Almleben ist wie ein Fieber«, sagt sie und nickt so heftig, dass die Flechtfrisur um ihren schmalen Kopf wippt.

Eingepflanzt hat ihr das Almfieber Martinas bäuerliche Familie, besonders ihr viel zu früh verstorbener Vater. Wenn dieser seine Tochter zu Viehmärkten mitnahm, durfte die kleine Martina sogar Schule schwänzen.

Martina Fischer: Im Sommer auf der Alm, im Winter auf Lesereise. Unten links: Martinas Büro

Eingepflanzt hat ihr das Almfieber ihre bäuerliche Familie, besonders ihr viel zu früh verstorbener Vater. Der Landwirt nahm seine Tochter regelmäßig zu Viehmärkten nach Miesbach mit; dafür durfte die kleine Martina sogar die Schule schwänzen. Sie liebte diese Ausflüge, bei denen sie auf Papas Wunsch hin die Rinder an einem Hanfstrick vor Käufern präsentierte. Heute erinnert sie sich daran, dass sie sich immer wohlgefühlt hat unter den Tieren. Unter den Landwirten. Bei der Stallarbeit mit ihrem Vater.

Als sich dann vor einem knappen Jahrzehnt das Fieber nicht mehr eindämmen lässt, beginnt Martina als Sennerin. Anfangs sind die Tage hart, voller Erschöpfung und Zweifel, ob sie mit der schweren Arbeit und dem wenigen Schlaf zurechtkommt. Nach und nach wird sie lässiger und selbstbewusster. Das ist ihre wichtigste Lektion von der Alm: Es muss nicht immer alles perfekt sein. »Ich nehm die Alm, wie sie ist, und mach das Beste draus.«

FEUERMACHEN IM MORGENGRAUEN

Jetzt sitzt Martina in der Morgensonne, am »Vouhaagl«, dem Vorplatz, und schiebt sich eine braune Haarsträhne hinters Ohr. Um sie herum picken Hühner, auch Martina lässt sich ihr Frühstück schmecken: Brot mit Butter und Marmelade. Alle Lebensmittel hat sie selbst gemacht: das Brot gebacken, die Marmelade eingekocht. Ihre grünen Augen leuchten, als sie erzählt, dass sie gerade noch überschüssiges Wasser aus der frischen Butter geschlagen hat. Danach hat sie die Masse in ein »Modl« (Holzform) gepresst und die fertig portionierten Stücke in eine Wanne voll kaltem Wasser gelegt. »Der Butter«, wie Martina und alle anderen Almleute sagen, wird so im Keller kühl gehalten und gelagert.

Vor ihrem Frühstück hat sie schon vier Stunden lang gewerkelt. Ihr Arbeitstag auf der Alm beginnt, wenn es draußen noch dunkel ist. Dann macht sie Feuer und setzt Wasser auf – das Einzige, was

Den Tieren tut ein Aufenthalt auf der Alm nachweisbar gut.

auf allen Almen gleich ist. Sonst gibt es riesige Unterschiede, und die mag Martina: Mal gibt es Kühe zum Melken, mal hat sie zusätzlich Schweine oder eine Gans zu versorgen, mal teilt sie ihren Almsommer mit Hühnern und Ziegen. Die Hühner mag sie immer noch mitnehmen, nur Ziegen duldet sie nicht mehr: »Die sind einfach unerziehbar!«

IM RHYTHMUS DER JAHRESZEITEN

Martina lebt den ursprünglichen Rhythmus der Jahreszeiten. Sie ist den Naturgewalten ausgeliefert und dabei ganz auf sich gestellt. Warum Martina diese harte Arbeit zwar entbehrungsreich, aber trotzdem erfüllend findet, hat sie in einem Buch verarbeitet: »Die Alm – ein Ort für die Seele«. Nichts sei erhebender, als einsam bei Regen oder Nebel über die Wiesen zu den Kälbern zu gehen. Natürlich gut eingehüllt in Funktionswäsche und mit ordentlichen Outdoor-Schuhen. Unter dem Alleinsein leidet sie nicht; im Gegenteil: Martina genießt die Stille. Außerdem gibt es Nachbar-Sennerinnen, auch wenn die 20 Minuten Wegstrecke entfernt sind. Und abends schmiegt sich in der Hütte mindestens eine Katze an ihre Beine.

An interessanten Besuchern mangelt es ebenso nicht. Manche kommen extra zu ihr gewandert, um die Buchautorin leibhaftig zu erleben und sich ihr Alm-Buch signieren zu lassen. Oder einen Termin für den Winter auszumachen, denn Martina Fischer ist ein beliebter Gast für Radio-Interviews und Buchpräsentationen. Ihre Lesungen sind meist ausverkauft, weit über Bayern hinaus. So mancher Alm-Besucher findet allerdings nur einen Zettel an der Tür: »Bin bei de Koima.« Denn vormittags geht Martina jeden Tag zu den Tieren hinter dem Bergrücken und kontrolliert, ob es ihnen gutgeht. Mittags erledigt sie nach Bedarf Arbeiten am Weidezaun, wenn das Wild

Begrenzungen einreißt. Sie kontrolliert die Wasserquellen, mäht mit der Sense und sammelt Kräuter für Tees, Aufgüsse und Tinkturen. Alles geschieht mit der Kraft ihrer Hände. Strom gibt es, wenn überhaupt, meist nur für ein paar Stunden am Tag.

DEN MOMENT BEWUSST ERLEBEN

Seit ihrem ersten Almsommer weiß Martina, dass es »ohne Alm nicht mehr geht«. Denn das Leben in den Bergen ist das Gegenteil der heutigen Welt, die auf Leistung, Fitness und Effizienz getrimmt ist, findet sie. Ganz anders hier oben: »Die Alm zwingt dich geradezu, den Moment bewusst zu erleben.« Und egal, auf welche Alm es sie nächsten Sommer verschlagen wird: In der Abendsonne, nach getaner Arbeit, sitzt Martina wieder am Vouhaagl, hält inne, genießt den Augenblick und schaut zu, wie das magische Licht der Berge ihr Sommerdomizil in Szene setzt. Sie beobachtet Gämsen. Sieht wie Dohlen ihre Kreise ziehen. Die Murmeltiere, die aus ihren Löchern kriechen. Die Rehe, die sich aus den Wäldern wagen. Die Natur, still und erhaben. So schaut Glück aus.

Topfenstrudel

SO GELINGT'S

Teig:
250 g Mehl (Weizenmehl Type 550, oder halb 550, halb Dunst), 1 Ei, 1 EL Apfelessig, 2 Prisen Salz, 70 g zerlassene Butter, 5 EL warmes Wasser

Füllung:
4 Eier, 100 g Zucker, 100 g Honig, 1 kg Topfen (selbst gemacht oder gekauft; wenn gekauft, dann halbfett/20 %), 1 Stamperl Schnaps (2–4 cl), abgeriebene Schale von 1 unbehandelten Zitrone, 200 g Rahm (oder 100 g zerlassene Butter bei gekauftem Topfen), nach Belieben: 3 Äpfel oder 6 Aprikosen

Außerdem:
Butter und Zucker für die Form, zerlassene Butter zum Bestreichen, Puderzucker zum Bestreuen

Die Menge ergibt 2 große Strudel für 1 große rechteckige Reine oder Auflaufform.

Alle Zutaten mischen und zu einem elastischen, glatten Teig verkneten und 30 Min. ruhen lassen – am besten unter einer darübergestülpten, leicht angewärmten Porzellan- oder Glasschüssel.

Für die Füllung Eier und Zucker schaumig schlagen. Die restlichen Zutaten unterrühren. Für eine Obstbeigabe die Äpfel schälen, das Kerngehäuse entfernen und das Fruchtfleisch in dünne Scheibchen schneiden. Oder die Aprikosen waschen, halbieren, den Stein entfernen und die Aprikosenhälften in dünne Spalten schneiden. Eine Auflaufform buttern und mit Zucker ausstreuen. Den Backofen auf 180 °C vorheizen.

Eine Hälfte des Teigs mit einem Teigroller auf einem Geschirrtuch so dünn wie möglich auswellen. Die Hälfte der Füllung – eventuell mit der Hälfte der vorbereiteten Fruchtstückchen – darauf verteilen, dabei einen Rand freilassen. Den Strudel mithilfe des Geschirrtuchs aufrollen und in die Form legen. Mit der 2. Hälfte von Teig und Füllung ebenso verfahren. Den Strudel mit zerlassener Butter bestreichen und 45 Min. backen. Herausnehmen, kurz abkühlen lassen, mit Puderzucker besieben und am besten lauwarm genießen.

Alles auf der Alm ist Handarbeit: Holz hacken, Zäune aufstellen, Kühe melken, Butter und Topfen herstellen, Brot backen. Wie unwiderstehlich es dann duftet, wenn der frische Strudel aus dem Rohr kommt!

FREILICHTMUSEUM
GLENTLEITEN

ALMGESCHICHTE HOCH ÜBERM KOCHELSEE

In der Voralpenlandschaft oberhalb von Großweil erwartet die Besucher eine lebendige Zeitreise. Das Museum präsentiert auf mehr als 35 Hektar spannend und originalgetreu rund 60 historische Gebäude: Bauernhäuser, Werkstätten und Almen. Ein Rundgang gibt Einblick in das bäuerliche Leben Oberbayerns – von der Frühen Neuzeit bis zur Gegenwart.

Almen: Sie sind oberbayerische Heimat, repräsentieren Sagen und Klischees. Und weil im Freilichtmuseum Glentleiten rund 60 davon aufgebaut sind, lässt sich hautnah erleben, wie die Almwirtschaft sich hierzulande entwickelt hat. Alle Almen sind komplett, samt Einrichtung, und können wie lebendige Geschichtsbücher betreten werden. Sogar auf den Wiesen zwischen den Museumsbauten ist alles stimmig: Hier weiden z. B. Murnau-Werdenfelser Kühe, eine kräftige, berggängige Rinderrasse, die einst von Aussterben bedroht war.

SOMMERFRISCHE FÜR NUTZTIERE

Doch was sind Almen wirklich? Oft werden sie mit Hütten und Berggaststätten verwechselt. Kein Wunder, denn sie sehen ähnlich aus: Die Gebäude sind vorwiegend aus Holz und grob behauenen Steinen. Wie Mini-Bauernhöfe liegen Almen idyllisch am Weg Richtung Berggipfel. Sogar eine zünftige Brotzeit bekommt man dort, während ringsum Kühe grasen oder zumindest in der Ferne ihre Glocken bimmeln. Doch im Gegensatz zu Berggaststätten und Berghütten, die erst viele Hundert Jahre später für menschliche Besucher gebaut wurden, spielen bei Almen immer die Tiere die Hauptrolle. Denn für sie sind Almen überhaupt erst entstanden: um den Nutztieren aus dem Tal quasi eine Sommerfrische am Berg zu ermöglichen. »Sömmern« nennen die Bauern die tierische Auszeit auf der Alm.

Der Sinn der Almwirtschaft ist es, eine möglichst große Zahl Nutztiere ernähren zu können. Während die Tiere im Sommer auf der Alm sind, ernten die Bauern im Tal Heu für den Winter. Almen waren seit jeher eine der wichtigsten Grundlagen in Gebirgsregionen, um Nutztiere zu halten, zu züchten und zu ernähren. Weil Kühe, Pferde, Ziegen und Schafe im Sommer auch in den Höhenlagen saftiges, kräuterreiches Futter finden, werden im Tal wertvolle Weiden geschont. Auch heute noch. Durch jeden Almsommer gewinnen die Landwirte zusätzliche Flächen. Auf den Weiden im Tal, nahe den Heimathöfen, können die Bauern das Winterfutter ernten

ALMEN IM WANDEL DER ZEIT

Ausgangspunkt: Großweil
Anfahrt: A 95 München–Garmisch-Partenkirchen bis Ausfahrt Murnau/Kochel oder B 11 bis Kochel, von dort nach Schlehdorf und weiter nach Großweil; oder über die B 2 über Murnau und Ohlstadt nach Großweil, dann jeweils der Beschilderung zum Museum folgen. Oder per Bahn bis Murnau oder Kochel und von dort mit RV-Bus 9611 bis Haltestelle »Freilichtmuseum Glentleiten«
Öffnungszeiten Museum: Von Josefi bis Martini, 19.3.–11.11., Di–So von 9–18 Uhr, ab 27.10. (Zeitumstellung) 9–17 Uhr, von Juni bis einschließlich September sowie an Feiertagen, Kirchweih und während der bayerischen Ferien auch montags geöffnet. Im Winter ist das Freilichtmuseum geschlossen.

» Ein Besuch im Freilichtmuseum Glentleiten ist wie eine Zeitreise zu unseren Ahnen. «

und als Heu und Grummet für die kalte Jahreszeit lagern. Ihre Tiere sind weiter oben schließlich hervorragend versorgt.

Der Almwirtschaftliche Verein Oberbayerns (AVO) definiert Almen als »temporäre bäuerliche Betriebe im Gebirge, die oberhalb der Talanwesen liegen und ausschließlich während der Sommermonate bewirtschaftet werden«. Die Tiere bleiben während der gesamten Almsaison, rund 100 Tage, am Berg. Almen stehen mit dem Heimathof, der auch Talbetrieb genannt wird, zwar in enger Beziehung; aber sie arbeiten eigenständig – auch, weil sie oft weit vom Heimathof entfernt liegen. Deshalb braucht jeder Landwirt mit einer Alm Almpersonal, also einen Senner oder eine Sennerin; manche sagen auch Almer oder Almerin. Die Senner tragen große Verantwortung, denn sie sorgen für das Wohlergehen des Viehs. Und obwohl das Leben der Senner oft romantisiert wird, ist es auch heute noch ein Knochenjob. Frühes Aufstehen, harte körperliche Arbeit, kaum Komfort.

ÄLTESTE KULTURLANDSCHAFTEN IM ALPENRAUM

Almen sind keine alpenländische Erfindung. Es gibt sie überall dort, wo Menschen den Bergen Futterflächen für die Landwirtschaft abtrotzen konnten. Almen gehören zu den ältesten Kulturlandschaften im Alpenraum und finden sich in unterschiedlicher Höhe, von 800 bis 1600 Metern. Je nach Höhenlage nennt man sie auch Nieder-, Mittel- und Hochleger. Und viele von ihnen sind alt: Seit dem 15. Jahrhundert gibt es keine wesentlichen Veränderungen mehr im Landschaftscharakter Oberbayerns mit seinen Talhöfen und den dazu gehörigen Almen.

Der Höhepunkt des Almwesens lässt sich aber auf Ende des 18. Jahrhunderts datieren. Danach wurden die Höfe größer und viele Almen aufgegeben. Schuld war die zunehmende Industrialisierung und die Rationalisierung der Landwirtschaft. Die Hälfte aller Almen ist sogar ganz verschwunden. Auf denen, die es noch gibt, ist trotzdem das Wesentliche gleich geblieben: Im Lauf des Sommers wandert das Vieh samt Almpersonal stufenweise aufwärts bis zum Hochleger, um im Spätsommer wieder in niedrigere Höhenlagen zurückzukehren.

Für die Tiere gibt es nichts Gesünderes als Almsommer. Und Gesundheit ist offenbar auch einer der Gründe, warum sich Menschen auf eine Almstelle bewerben. Egal, ob sie ursprünglich aus der Landwirtschaft kommen oder nicht: Das Leben im Einklang mit der Natur lockt. Vor einem Jahrhundert wäre es noch undenkbar gewesen, einen »Fachfremden« dort hinauf zu schicken. Doch ob jemand zum Senner taugt, hat nicht immer mit seiner bäuerlichen Vorbildung zu tun. Manchmal sind Großstädter perfekte Senner oder Berufsgruppen, denen man das nie zugetraut hätte wie der Drehbuchautorin Karin Michalke. Deshalb gibt es heute kaum noch Engpässe bei der Vermittlung von Almpersonal.

Der Draht nach oben ist allgegenwärtig: Auf der Alm ebenso wie im Freilichtmuseum. Ein Grund dafür ist sicher, dass sich die Almleute in den Bergen so weit oben dem Herrgott näher fühlen.

Im Freilichtmuseum Glentleiten sehr gut zu besichtigen: Bereits im 19. Jahrhundert setzte die Verklärung des Almwesens ein. Literaten, Sänger und Sommerfrischler schwärmten von der Urtümlichkeit der Berge und der Natürlichkeit der Sennerinnen.

VERKLÄRUNG DES ALMWESENS

Was das Freilichtmuseum Glentleiten auch zeigt: Schon mit dem beginnenden 19. Jahrhundert setzte die Verklärung des Almwesens ein. Literaten und Sommerfrischler machten sich auf, die Urtümlichkeit der Berge zu erkunden und sie danach in Liedern und Heimatromanen zu idealisieren. Aus dieser Zeit stammt auch die Volksweise »Auf der Alm, do gibt's koa Sünd«. Das Almleben galt zwar als arbeitsreich, aber auch als lustvoll. Und die ersten findigen Senner begannen schon vor 100 Jahren, Wanderer mit einfachen Gerichten zu verköstigen.

Ein Paradebeispiel für diese Entwicklung ist auf der Glentleiten beispielsweise der Doppelkaser von der Mitterkaseralm aus Schönau. Ein Doppelkaser ist eine Almhütte, die in der Mitte getrennt ist und von zwei Sennern eigenständig genutzt wird. Für die Bewirtung baute man die Alm in den 1920er-Jahren extra um: Küche und Schlafkammer wurden zu einem Raum zusammengelegt, die offene Feuerstelle wurde durch einen eisernen Herd mit gemauertem Kamin ersetzt. Im neu entstandenen Dachboden schlief fortan die Sennerin. Der Bauer errichtete außen sogar einen überdachten Sitzplatz – extra für die Tagesgäste. Und die Bäuerin freute sich über zusätzliche Einnahmen.

Almen sind wandelbar. Auch das zeigt das Freilichtmuseum. In ihrer fast 2000-jährigen Geschichte hat sich die Almwirtschaft immer den jeweiligen Gegebenheiten angepasst, ohne ihre Identität aufzugeben. Sogar nach dem Zweiten Weltkrieg, als sich die herkömmliche Landwirtschaft rasant veränderte, blieb in der Almwirtschaft fast alles beim Alten. Warum auch in ein funktionierendes System eingreifen? Sonnenlicht, frische Luft und Bewegung im Gelände fördern Fitness und Immunsystem der Tiere. Kühe, die ihre Sommer auf einer Alm verbringen, geben mehr Milch, sind gesünder und werden älter als ihre Artgenossen, die das ganze Jahr über im Stall stehen – selbst wenn es ein moderner Laufstall ist.

SENSIBLE BERGLANDSCHAFT IM GLEICHGEWICHT

Außerdem leisten die Sennerinnen und Senner enorm wichtige Arbeit für den Naturschutz. Es ist nicht einfach, die sensible Berglandschaft samt ihrer Flora und Fauna im Gleichgewicht zu halten. Die Senner tun es. Denn immer wenn Almen aufgegeben werden, steigt die Gefahr von Lawinen- und Murenabgängen. Der Wald holt sich die freien Flächen erstaunlich rasch zurück. Dass die Almwirtschaft erhalten bleibt, ist deshalb nicht nur wünschenswert, sondern notwendig. Nur so bleiben die Alpen mit ihren offenen Hochlagen ein Freizeitparadies für Erholungssuchende.

Almen sind ein Stück Heimat. Und liefern manchmal sogar Stoff für Sagen und Legenden, was die Glentleiten auch zu bieten hat. Dort steht die historische Mordaualm, die ihren Namen deshalb trägt, weil auf ihr angeblich ein Mord stattfand. 1507 wurde sie als Brunnenkaser erbaut, heute können Besucher sogar einer Hörstation lauschen, die die schaurige Geschichte der Alm schildert: Eine Sennerin konnte sich nicht zwischen zwei Verehrern entscheiden – was alle Beteiligten das Leben kostete. Der verliebte Hütejunge stürzte ab, als er ein Edelweiß für seine Angebetete suchte. Die Sennerin und ihr heimlicher Geliebter wurden von marodierenden Soldaten ermordet. Auf der Alm, do gibt's koa Sünd? Keineswegs. Manchmal sogar Todsünden.

ALMSCHNUPPERKURS

» Nach dem Almschnupperkurs bist du gerüstet für einen Sommer auf der Alm. «

JA, WO LAUFEN SIE DENN?

Ratlos sehen die Teilnehmer den Kühen nach, die gerade noch so brav beieinander standen. Jetzt streben die Tiere auseinander wie Zirkusclowns beim Schlussapplaus. Die Sennerinnen, deren Kühe eben noch so wohlerzogen waren, haben der Gruppe die Aufgabe gestellt, die Herde in den Stall zu treiben … Wer beim Almschnupperkurs mitmacht, zollt den 700-Kilo-Kolossen gebührenden Respekt.

Die Schlechtenbergalm ist ein attraktives Ausflugsziel und ebenso eine Schulungsstätte für zukünftiges Almpersonal.

Drei Autos mühen sich früh am Morgen eine steile, steinige Forststraße hinauf. Ihr Ziel ist die Schlechtenbergalm unterhalb der Kampenwand, und sogar eine Plastikkuh im Maßstab 1:4 fährt mit. Ihre vier Gummi-Mägen klappern und drohen bei jeder Kurve aus dem Modell zu purzeln. Außer der Kuh mit an Bord: Elf Menschen zwischen 17 und 60 Jahren aus den unterschiedlichsten Berufsgruppen. Krankenschwester, Hauswirtschaftsmeisterin, Schneiderin, Ingenieur, fast alle aus Bayern. Eine Physiklehrerin aus Berlin hatte die weiteste Anreise.

Auf der Schlechtenbergalm wird die Gruppe schon von Ingrid Scheck und Maria Anner erwartet. Die Ausbilderinnen begrüßen die Ankömmlinge herzlich und heben dann die Kuh aus dem Wagen. Sie bekommt einen Ehrenplatz in der Küche, für die Theorie. Die elf Neugierigen haben sich zum Almschnupperkurs angemeldet, weil sie mit dem Gedanken spielen, einen Sommer lang auf einer Alm zu arbeiten. Einige von ihnen sind »fachfremd«, also nicht in der Landwirtschaft groß geworden. Das macht aber nichts. Die Schlechtenbergalm ist eine perfekte Ausbildungsstätte.

Beim Kurs sollen die Teilnehmer die Arbeit des Almpersonals hautnah kennenlernen, inklusive der Verantwortung für Vieh, Wege, Wasser und Weiden. Aber zuerst sind die Alm-Anfänger natürlich begeistert vom grandiosen Ausblick: felsige Gipfel, dichte Wälder, blumengesprenkeltes Grün. Im Hintergrund das leise Läuten der Kuhglocken. Doch das romantische Bild täuscht: Sennen ist harte Arbeit, bei Wind und Wetter, sieben Tage die Woche. Kühe kennen kein freies Wochenende. Es gibt eine Menge zu lernen – auf geht's!

ALMLEBEN GEGEN KLIMAWANDEL

Dort, wo Ingrid gerade noch Strudelteig geknetet hat, thront jetzt die Plastikkuh mit den herausnehmbaren Mägen. Die werden der Reihe nach erklärt. Im Pansen, dem ersten Magen, leben besonders viele Mikroorganismen und vergären die Nahrung. Magen Nummer zwei, der Netzmagen, sortiert das Gefressene. Der Blättermagen, Nummer drei, entwässert den Brei – und erst im Labmagen, Nummer vier, beginnt die eigentliche Verdauung. Dabei entsteht u. a. das klimaschädliche Methan. Anders als bei Stallkühen wird der Methan-Ausstoß auf der Alm aber kompensiert: Durch das Abgra-

Auch wenn beim Almschnupperkurs hart gearbeitet wird – egal bei welchem Wetter: Die Absolventen haben eine »Mordsgaudi« (Übersetzung ins Hochdeutsche: »Riesenspaß«).

sen der Berghänge treibt das Grün immer wieder neu aus und produziert so frischen Sauerstoff. Außerdem sorgen die in den Alpenkräutern enthaltenen Wirkstoffe dafür, dass die Kühe ihr Futter besser verdauen können. »Almleben ist gut gegen den Klimawandel!«, sagt Ingrid. Im Unterrichtsraum wird es wärmer, der Strudelgeruch intensiver.

Vor dem Strudelessen steht aber noch das Säubern des Stalls auf dem Stundenplan. Während die Kursteilnehmer überschwänglich schrubben, machen die Kühe einen Ausflug auf die Sonnenterrasse der Schlechtenbergalm. Die Geranien sind einfach zu köstlich. Ingrid und Maria zeigen den Lehrlingen, wie sie die Leckermäuler von ihrer Zwischenmahlzeit abbringen können. Behutsam berühren sie die Tiere, damit die wissen, dass jetzt die Sennerinnen die Regie übernehmen. »Weg von hier, meine Damen!«, befiehlt Maria.

Dann geht es weiter im Programm: Almkräuterkunde, Zentrifugieren und Buttern wird genauso unterrichtet wie ein Überblick über die Gesetze, an die sich Almbauern halten müssen. Sogar die Geschichte der Almwirtschaft wird durchgenommen. Mittlerweile prasseln schwere Tropfen aufs Dach. Sauwetter. Trotzdem ziehen alle eifrig ihre Gummistiefel an, als die Theorie endet. Endlich nach draußen!

SCHWENDEN, WAS DAS ZEUG HÄLT

Jeder bekommt einen Stecken. »Nie ohne Stock zu den Tieren«, erklärt Ingrid, »gerade am Anfang, wenn man die Tiere noch nicht kennt!« Er dient als Abstandshalter, als dezenter Richtungsgeber oder zur Abwehr. Mit Stock und den Armen voller Eisenstäbe, Bänder und Zangen marschieren alle zum »Koppeln«. Das Vieh wird mit mobilen Zäunen auf einer Fläche gehalten, bis diese gut abgefressen ist. »Nur wenn die schnell wachsenden Gräser von den Kühen gefressen werden, können auch die Kräuter und Wildblumen wachsen«, erklärt Ingrid. »Ja«, ergänzt Maria, »man muss sie

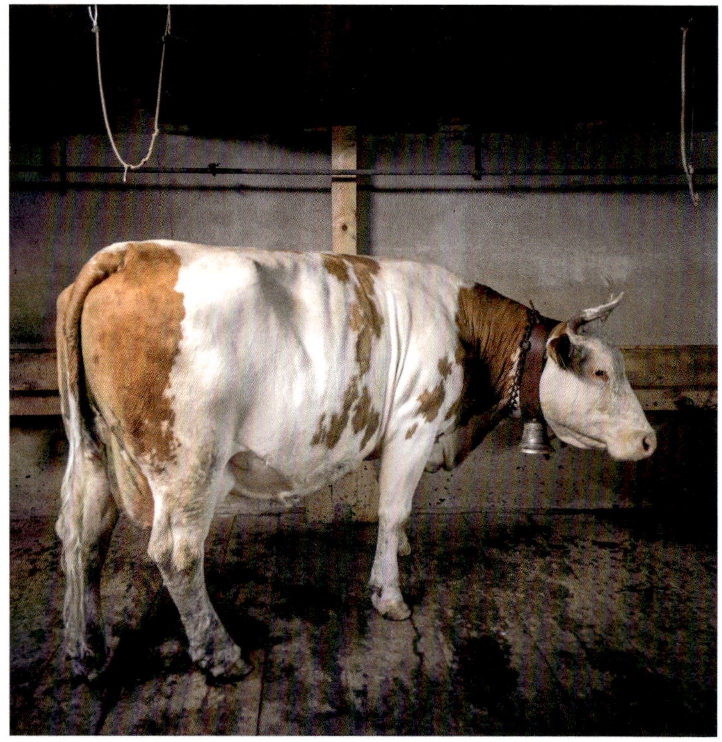

Von Almkräuterkunde bis Zaunbau. Beim Almschnupperkurs findet der Unterricht vorwiegend in der Praxis statt. Dazu gehört auch das Melken der Kühe und das Stall ausmisten.

ein bisserl zwingen, etwas zu fressen, was sie sonst stehen lassen – besonders die Nelly und die Lene.«

Sämtliche Quellen im Gebiet müssen regelmäßig kontrolliert und gereinigt werden. »Eine Wasserstelle reicht nicht«, sagt Ingrid. Immerhin brauchen Kühe bis zu 100 Liter Wasser am Tag. Also schrubbt die Almklasse die Holztröge. Zum Ärger der Senner gibt es immer wieder Touristen, die dort ihr sonnencremeverschmiertes Gesicht oder, noch schlimmer, ihre Räder waschen. Manche Wanderer beschweren sich auch, dass die Sennerin geschützte Pflanzen abschneidet. Sie wissen nicht, dass die das darf – obwohl es sonst verboten ist.

Genau das sollen die Kursteilnehmer jetzt umsetzen: die Berghänge von Sträuchern befreien. »Schwenden« heißt das in der Fachsprache – Wacholder, Almrausch, Disteln, Farn und Latschen müssen weg. Alles fällt den Scheren zum Opfer. Ingrids Ratschlag: »Als Sennerin niemals ohne Zwicke aus der Hütte gehen, außer in den Stall und auf's Häusl.«

Nach dem Schwenden sollen die Kühe zum Melken in den Stall. Doch die gehen nicht immer freiwillig dorthin, wo man sie haben will. Da heißt es für die Sennerinnen: konsequent sein. Für Ingrid und Maria ist ihre Herde wie eine große Schar Kinder. Jedes Tier hat einen Namen. Hanna z. B. ist besonders anhänglich. Beim Melken machen es Marias Kühe den Lernenden leicht. Sie gehen brav in den Stall auf ihre Stammplätze.

ALLES MIT RUHE UND GEDULD

Maria schüttet ihnen Futter in den Trog und kettet jede an ihrem Platz an. »Eine Kuh reagiert auf Hektik wie ein Fernseher auf Blitzeinschlag«, sagt Maria. Deshalb: alles mit Ruhe und Geduld. Eine Kuh muss »angemolken« werden, denn von allein gibt sie keine Milch. Dafür wischt die Sennerin die Zitzen mit einem Papiertuch sauber; diese knetende Berührung setzt das Hormon Oxytocin frei, auch bekannt als »Kuschelhormon«. Es verstärkt die Bindung zwischen zwei Lebewesen, egal ob Zwei- oder Vierbeiner. Die Schüler schauen gebannt zu, wie Maria das Melkzeug ansteckt, das aus vier gummiverkleideten Zitzenbechern besteht: plop, plop, plop, plop. Mit Gummischläuchen wird die Milch gesammelt und aufgefangen. Tsch, tsch, tsch. Der immer gleiche Rhythmus. »Weg von de Hinterhaxn«, warnt Maria, doch ihre Stimme bleibt ruhig. Flip, Flip, flip, flip, schon ist das Melkzeug wieder abgenommen. Fast fließend haben Marias Hände die Prozedur erledigt. Die Kuh scheint es zu genießen.

Melk-Hormon Oxytocin, Parasitenkunde, Mineralstoffzufütterung. Gut, dass bei all dem Fachchinesisch im Almschnupperkurs am Ende aber doch die Idylle des Almlebens im Gedächtnis bleibt.

Maria stellt eine Edelstahlkanne auf und platziert darauf einen Trichter mit blütenweißem Filter. Während sie die Milch in die Zentrifuge schüttet, üben die Teilnehmer an den anderen Kühen. Euter sauber rubbeln, eins, zwei, drei, vier Zitzenbecher anstecken. Für die Kühe ist es gut, wenn es zügig geht. »Und für die Sennerin auch«, sagt Maria und lacht. Es wartet noch genug Arbeit. Das Melkzeug muss gewaschen werden, denn alles, was mit Milch in Berührung kommt, muss richtig sauber sein.

BUTTERN, KÄSEN, ZÄUNE BAUEN

Nach der Praxis folgt noch einmal Theorie. Die Kühe liegen währenddessen schon wieder auf der Weide. Ingrid erklärt: »Vorm ersten Kaibe ist die Kuh no a Koim.« Maria sagt: »Man melkt eine Kuh ein Jahr lang. Bis das nächste Kalb kommt.« Dazwischen hat sie ein paar Wochen Pause, das nennt man »trockenstehen«. Einigen Kursteilnehmern brummt der Schädel, anderen fallen die Augen zu. Ab ins Bett.

Trotz der Plackerei fühlen sich die Schüler auch am zweiten Tag »herrlich herausgerissen aus dem Alltag«. Wieder geht es um Tiergesundheit, um Parasiten und Mineralstoffzufütterung speziell auf der Alm. Darauf folgt wieder Praxis, Weide und Stall. Melken, buttern, käsen, Vieh umtreiben, Zaun bauen, schwenden. Fast alle können sich vorstellen, einen ganzen Almsommer in den Bergen zu verbringen. Zum Abschluss gibt es ein Zeugnis und noch einmal Ingrids sagenhaften Strudel. In der Runde leuchten die Augen. Madeleine, die Physiklehrerin aus Berlin, sagt: »Es war ein wunderbarer Kurs.« Seitdem arbeitet sie jeden Sommer auf einer oberbayerischen Alm.

Spezialwissen

Das Fachzentrum Almwirtschaft organisiert den jährlichen Almschnupperkurs. Neben viel Praxis geht es an den beiden Tagen auf einer Alm um die Themen:

- Wie hat sich Almwirtschaft verändert?
- Welche Herausforderungen gibt es durch den Klimawandel?

Tipp an die Aspiranten von Susanne Krapfl vom Fachzentrum Almwirtschaft:
Es braucht mehr als einen Almsommer, um eine Alm richtig kennenzulernen. »Beharrlichkeit und Kontinuität sind hier positive Eigenschaften!« Wer das erste Mal auf eine Alm geht, sollte sich besser für eine ohne Milchkühe entscheiden. Dann bleibt mehr Zeit für die eigentliche Almarbeit. Der Almwirtschaftliche Verein ist hier als Vermittler tätig (Info-Tel. 08024/460 39 91 12).

BICHLER ALM

» Auch wenn ich meine Tiere mit digitalen Ortungssystemen ausgestattet habe: die klingenden Kuhglocken bleiben! Die gehören einfach zur Alm! «

Hias Engel, Senner auf der Bichler Alm

BEIM ALM-ÖHI 2.0

»Kimm her, Rosi«, ruft Matthias Engel der Leitkuh zu, die ihren Kopf neugierig über den Zaun hebt. Der Senner arbeitet auf der Bichler Alm, auf der Jachenauer Sonnenseite der Benediktenwand. Er beobachtet seine Tiere und das Wetter genau, das gehört zu seinen täglichen Aufgaben. Schwül ist's heute, da wird wohl noch ein Wetterumschwung kommen.

Emma und ihre ältere Schwester Pauline haben schon einen Sommer auf der Alm verbracht. Denn ihre Mama Regina war die Vorgängerin vom Hias. Ihr hübsches Stirnband hat Emma übrigens von deren Vorgängerin Heidi, die in ihrer Almzeit Stirnbänder nähte.

Auf einmal ist Rosi aus seinem Blickfeld verschwunden. Sie geht Richtung Abhang. Zehn weitere Jungtiere trotten hinter der Leitkuh her. Die Tiere wirken unruhig. Sie spüren, wenn Unwetter nahen. Fliegen und Bremsen sind dann besonders lästig. Gemeinsam suchen die Rinder windige Stellen, an denen die Insekten weggeweht werden können. Diese Plätze sind oft weit von der Almhütte entfernt. Manchmal gerät die Herde dann ins Ungewisse.

WO DIGITALE KUHGLOCKEN LÄUTEN

Ausgangspunkt: Wanderparkplatz Jachenau-Petern
Anfahrt: A 8 von München bis Ausfahrt Holzkirchen und weiter auf der B 13 über Bad Tölz nach Lenggries, links Richtung Jachenau, am Weiler Tannern vorbei und den Abzweig nach Orth / Ortererhof links liegen lassen, nach der kleinen Kapelle (rechts) bei nächster Gelegenheit rechts in einen breiten Forstweg und zum kostenpflichtigen Wanderparkplatz Jachenau-Petern. Oder mit der Bahn (BOB) nach Lenggries und mit RVO-Bus 9595 zur Haltestelle »Jachenau-Petern«
Tourencharakter: Der Zustieg zur Bichler Alm ist lang gezogen, aber unschwierig und erfolgt über breite Forstwege, teils etwas steiler, mit schönen Blicken und dem idyllischen Schwarzenbach neben dem Weg.
Gehzeiten: Aufstieg: 2.30 Stunden; Abstieg: 2 Stunden
Tourdaten: ca. 700 Höhenmeter, 9 Kilometer

Auch bei der täglichen Futtersuche können sie verloren gehen. Bei Verletzungen. Oder wenn die Tiere rindern, also ungestüm einem Liebesabenteuer mit dem anderen Geschlecht entgegenfiebern. Das passiert alle 21 Tage. Am Schlimmsten ist es, wenn sie mitten in der Schwangerschaft eine Fehlgeburt haben, sich zur Niederkunft verstecken und an Ort und Stelle neben ihrem blutigen Totgeborenen trauern. Dann muss der Senner los und sie suchen. Sechs Stunden lang war der Hias, wie Matthias Engel von allen genannt wird, in seinem ersten Almsommer einmal unterwegs, um die Rosi zu finden, die ein Kalb verloren hatte und in ihrer Trauerarbeit ohne Herde auf Abwege geraten war.

Draußen türmen sich dunkle Wolken vom Wettersteingebirge über das waldreiche Karwendel. Die Ruhe vor dem Sturm. Drinnen in der Almhütte ist es behaglich und es duftet nach frischem Brot. Der Hias backt selbst, sogar seine knusprigen Laugenbrezn. Liebe-

Die Tiere leben in einem riesigen Weidegebiet mit unwegsamen Hängen und viel Wald. Das kleine Kästchen am Halsband stammt aus dem 3D-Drucker. Es beinhaltet das GPS-gestützte Trackingsystem, das Matthias Engel ausgetüftelt hat.

voll drapiert er für die Wanderer eine Käse-Brotzeit mit rescher Brezn auf ein Brettchen. Ganz normale Aufgaben für einen Senner: Nach den Tieren schauen, das Wetter beobachten, den Wanderern rustikale Köstlichkeiten auftischen. Doch der Hias ist einer der ungewöhnlichsten Almhirten der Alpen. Was er auf der Bichler Alm realisiert, könnte einem kuriosen Werbefilm als Vorlage dienen. Titel: »Laptop und Lederhose«. Wer sich in seinem Reich umschaut, entdeckt einen ratternden 3D-Drucker im Stall und einen Laptop unterm Herrgottswinkel. Beide Geräte sind täglich in Gebrauch.

Matthias Engel hat in Dresden Luft- und Raumfahrttechnik studiert und war anschließend als »Computer-Fuzzi« in ganz Deutschland unterwegs. Vor zwölf Jahren verschlägt es den Ingolstädter, Jahrgang 1974, dann in die Jachenau. Bei seiner Aufgabe, entlegene Täler mit Internetanschluss zu versorgen, sei er der Liebe wegen dort hängen geblieben. Mit dem Gedanken, einen Sommer auf der Alm zu verbringen, liebäugelt er da schon länger. Doch die komfortabelste Almhütte, mag sie auch über Wasser-Klosett und Kühlschrank verfügen, kann ihn als IT-ler nicht darüber hinwegtrösten, »dass die Digitalisierung fehlt«. Ein Computer-Fuzzi ohne Internet ist wie ein Gipfel ohne Kreuz, ein Oktober ohne Fest, ein Almsommer ohne Vieh. Kurz: unmöglich.

WEIDEMANAGEMENT MIT WLAN-NETZ

Doch dann soll er einer Sennerin auf ihrer Alm Zugang zu Internet und Telefon ermöglichen. Sie ist die Tochter des Jachenauer Landwirts Pichelmayr mit seinem stolzen Talbetrieb, zu der die Bichler Alm gehört. Engels Lösung: Die Impulse für das Netz leitet er mit einer Antenne Marke Eigenbau vom Talort Jachenau über den Berggipfel des Herzogstands auf die Bichler Alm um. Der Strom kommt über eine Photovoltaikanlage.

Weil es jetzt Internet, Telefon und Strom auf der Bichler Alm gibt, und die Tochter nur für eine Almsaison eingesprungen war,

» Die Bichler Alm hat zwar keinen Handy-Empfang, aber eine Homepage und eine Webcam. So sehen die Wanderer im Tal mit einem Blick ins Internet, wie das Wetter oben ist.«

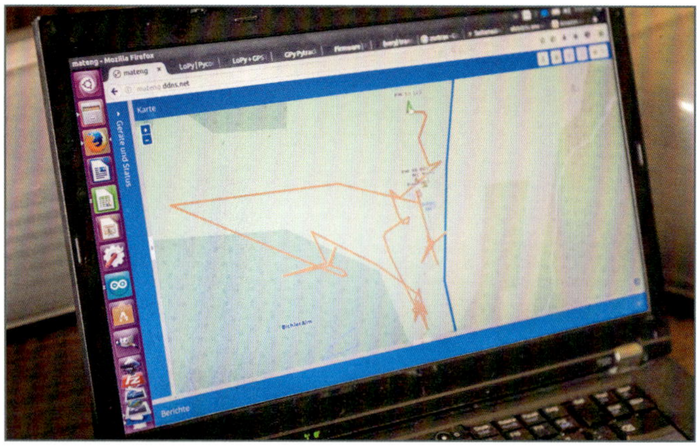

wird der Ingenieur ihr Nachfolger. Sein Vorteil: Die IT-Kundschaft kann er von seinem Arbeitsplatz in 1437 Metern Höhe via Internet und Mail problemlos weiterbetreuen. Die eigentlichen Aufgaben auf der Alm empfindet er von Anfang an als inspirierende Bereicherung: »Macht viel Spaß! Außerdem kann ich jetzt auch Brot und Kuchen backen.«

Nur wenn er manchmal stundenlang bei strömendem Regen über das 80 Hektar große Almgelände irrt, um ein fehlendes Tier zu finden, zweifelt er. Verzweifelt. Denn er weiß den Grund erst, wenn er die Kuh sieht: Ist sie liebestoll? Oder eine untröstliche Fast-Mama nach einem Abort? Besonders ärgerlich ist es, wenn er vor dem Losgehen vergisst, rechtzeitig den Kuchen aus dem Holzofen zu holen. Es muss doch möglich sein, die ausgebüchsten Tiere einfacher zu finden. Er müsste sie irgendwie orten können. An einsamen Abenden, wenn die Wanderer ihren letzten Obstler getrunken und seine Almhütte verlassen haben, setzt er sich an den Laptop. Recherchiert. Tüftelt. Programmiert.

ORTUNG UNTERWEGS

Er will ein Ortungssystem entwickeln. Die Standorte seiner Tiere soll es anzeigen, dazu Warnungen, wenn sich die Tiere außerhalb des zu beweidenden Areals befinden. Oder keine Bewegung mehr stattfindet und den Tieren folglich etwas zugestoßen sein muss. Eine Mammutaufgabe, die bereits seit Jahren Firmen aus Norwegen und Südafrika umtreibt. Davon liest der Senner in einer Fachzeitschrift. Diverse internationale Tracking-Systeme werden sogar schon auf vier oberbayerischen Almen erprobt. Das Bundesministerium für Ernährung, Landwirtschaft und Verbraucherschutz begleitet und fördert das Projekt drei Jahre lang.

Doch alles ist noch weit von einer Serientauglichkeit entfernt. Mal sind die Akkus zu schnell leer, dann wieder ist die Software zu kompliziert für das Almpersonal. Auch die Gehäuse für die Sender sind entweder zu groß oder zu instabil. Meist scheitert der Erfolg des Systems aber daran, dass in den Bergen kein stabiles Handynetz verfügbar ist. Ohnehin wären die anvisierten Kosten den Almbauern momentan viel zu hoch.

Auf einem Bildschirm wird angezeigt, wo sich jede Kuh im Almgebiet aufhält (oben).

Der Sendemast für die Ortung von Hias' Rindern und die Photovoltaikanlage zur Stromerzeugung sind nicht zu übersehen. Sonst ist auf der Bichler Alm aber alles wie vor den Zeiten der digitalen Kuhglocken: Glückliche Besucher bei dem einen oder anderen Feierabend-Bier.

Egal. Der Hias lässt nicht locker. Nachts, auf seiner Alm, hackt er in seinen Laptop. Versucht sich an der Hardware. Die druckt er mit einem 3D-Drucker aus. Das Gehäuse des Ortungssystems muss enormen Temperaturschwankungen und mechanischen Belastungen standhalten. Und einer Solarzelle Platz bieten. Hias tüftelt weiter. Entwickelt eine Software. Und hat schließlich die Lösung: Jedes Tier bekommt ein kleines Kästchen mit integrierter Antenne an den Hals – inklusive eigener Energieversorgung über eine Solarzelle. Dieser Sender funkt zur Basisstation, die im Stall steht, die er aber auch im Rucksack transportieren könnte. Über das almeigene WLAN-Netz überträgt die Basisstation die Position aller Tiere auf sein Handy oder Tablet. Wenn er unterwegs ist, kann der Senner direkt mitverfolgen, wo sich welches Tier aufhält. Daheim in der Almhütte geht das sowieso kinderleicht – mit einem Blick auf die Landkarte in seinem Laptop. Sein System erstellt sogar Bewegungsprofile. Die liefern wertvolle Informationen, wo und wie lange die Tiere weiden, also wo folglich das Gras abgefressen ist. Daraufhin ist es sinnvoll, sie in den nächsten Tagen zum Fressen anderswohin zu lenken. Im Fachjargon heißt das »Weidemanagement«.

STRAMMER MAX UND VIECHERL MIT KASTERLN

Ideal für den Hias: Seine elektronischen Kuhglocken funktionieren per GPS und brauchen keine Mobilfunknetze; die Endgeräte folglich keine SIM-Karten. Denn die Bichler Alm liegt, wie so viele Almen, im Handy-Funkloch. Vor den täglichen Kontrollgängen zu den Tieren schaut Hias jetzt immer vorher auf den Laptop. Er kann dann gleich in die richtige Richtung starten und spart sich Zeit und Muskelkraft.

Mit dem 3D-Drucker stellt Hias seine ersten 50 Gehäuse her. Für seine elektronischen Kuhglocken lässt er einen Gebrauchsmusterschutz eintragen. Seine Erfindung hat Potenzial, das spürt er. Mittlerweile hat ein Formenbauer eine Spritzgussform hergestellt, mit der die Kästchen in Serienproduktion aus Polyethylen gehen können. »Die Auslieferung kann im Februar, vor dem Almsommer, beginnen«, kündigt der Tüftler an. Er ist zuversichtlich. Seine Erfahrungen waren arbeitssparend und vielversprechend.

Obwohl es bei ihm oben keinen Handy-Empfang gibt, sehen die Wanderer unten im Tal über Hias' neu installierte Webcam, wie das Wetter bei ihm oben ist. Über die Homepage erfahren sie, was auf der Speisekarte steht. Üppig ist das Angebot für eine Alm: Es gibt Strammen Max, Leberkäse mit Spiegelei und neben vier Bieren auch Wein – roten und weißen. Wie wichtig das Internet auf einer Alm sein kann, zeigt sich für Hias, als seine ersten Backversuche misslingen. Erst durch eine Anleitung auf YouTube gelingen ihm richtig gute Brezn, mit denen er jetzt seine Gäste verwöhnt. Das ist zwar ungewöhnlich auf einer Alm, aber lange nicht so exotisch, wie die »Kasterl, die den Viechern am Hals baumeln«.

Der Hias lacht und beißt in eine frische Butterbrezn. Aus seinen Augen blitzen Optimismus und die Bereitschaft, sich mit Leib und Seele seinen Überzeugungen zu verschreiben: beim Bodenständigen zu bleiben, ohne der Zeit hinterherzuhinken. Deswegen denkt er auch nicht daran, die klingenden Kuhglocken abzuschaffen: »Die gehören einfach in die Alpen!« Seine Tiere haben jetzt beides um den Hals hängen, die traditionellen Glocken und seine Erfindung, die elektronischen. Verträgt und ergänzt sich hervorragend, findet er. Wie Laptop und Lederhose.

REHBERGALM

» Die Schafe sind trittsicher in bergigem Gelände und durch die dichte Wolle unempfindlich gegen Kälte und Hitze. «

URALTE FORM VON WEIDEWIRTSCHAFT IM HOCHGEBIRGE

Zeit wird es: Der zweite Samstag im September markiert den Wendepunkt des Jahres. Der Schafabtrieb ist einer der Höhepunkte im Mittenwalder Jahresablauf. Josef Hornsteiner, in speckiger Lederhose, kariertem Hemd und Wolljanker, legt seinen Kopf in den Nacken. Er beobachtet die Wolken. Hält das Wetter? Auch von der Rehbergalm geht es am Ende des Almsommers zurück ins Tal.

Der Mittenwalder Schafhirte schaut hinauf zu den verschneiten Steilwänden des Karwendels und zeigt auf den Wörnersattel in knapp 2000 Metern Höhe. Hornsteiner hat das Gelände sondiert. Doch selbst die umsichtigsten Vorbereitungen nutzen manchmal nichts. Schnee kann er beim Almabtrieb gar nicht gebrauchen. Und plötzliche Wetterumbrüche sind im Mittenwalder Hochgebirge keine Seltenheit. Letztes Jahr schneite es Anfang September.

STILLE WANDERUNG ZUR POSTKARTENIDYLLE

Ausgangspunkt: Wanderparkplatz bei den Kasernen von Mittenwald
Anfahrt: B 2 Garmisch–Mittenwald bis Ausfahrt Mittenwald-Nord, nach 1,5 Kilometern links zu den Kasernen, vor dem Haupttor halb rechts weiter, unter der B 2 hindurch und gleich rechts auf den Wanderparkplatz; oder von München auf der A 95 über Kochel und Walchensee nach Mittenwald. Oder per Bahn bis Mittenwald und weiter zu Fuß (3 km) zum Wanderparkplatz
Tourencharakter: Selten begangene Almwanderung auf teilweise schmalen und steilen Steigen
Gehzeiten: Aufstieg: 2.30 Stunden, Abstieg: 1.30 Stunden
Tourdaten: 732 Höhenmeter, 3,5 bis 4,4 Kilometer je nach Weg

Josef Hornsteiners Jahr ist von wolligen Vierbeinern geprägt. Im Winter arbeitet der Mittenwalder als Gemeindearbeiter unten im Ort, im Sommer ist er von der Weidegenossenschaft angestellt und für die Mittenwalder Schafe zuständig. »An der Arbeit mit Schafen mag ich alles!«, sagt der 57-Jährige und streicht sich über die Bartstoppeln. Jedes Jahr Anfang Mai, wenn der Schnee noch in den oberen Bergflanken liegt, vertrauen die örtlichen Schafbesitzer ihre Tiere dem erfahrenen Hirten an. 44 Familien schicken ihm zwischen fünf und 20 Schafe zur Sommerfrische. Hornsteiner selbst besitzt zwölf Schafe. Die sind freilich auch mit dabei.

In den ersten Wochen zieht Josef Hornsteiner zu den niedrig gelegenen Weidegründen an den Lautersee und ins Kranzberggebiet. Erst wenn Mitte Juni die meisten Schneefelder im Hochgebirge weggeschmolzen sind, führt er die Tiere zu höher gelegenen Weiden. Es soll seinen Schafen an nichts fehlen; er muss sich sicher sein, dass sie von nun an dort oben genug Futter finden.

Im Frühsommer zieht Josef Hornsteiner mit den Schafen auf die Alm (linke Seite). Wenn Josef Hornsteiner auf der Rehbergalm feiert, wie am 15. August (Mariä Himmelfahrt), gibt es Kesselfleisch (oben).

> *Schafe zählen zu den ältesten Haustieren der Menschheit.*

POSTKARTENIDYLLE WIE VOM BAYERN-MARKETING

Diesen Sommer begleitet Hornsteiner die Tiere schon zum 25. Mal ins Hochgebirge. »Die älteren Schafsdamen in der Herde erinnern sich und werden ganz aufgeregt, wenn es los geht«, erzählt er. Vom Tag des Auftriebs bis zum Abtrieb, dem zweiten Samstag im September, ist die Rehbergalm Hornsteiners Zuhause. Am Wochenende kommen seine Frau Ulli, Sohn Florian und Tochter Katharina zu ihm auf die Alm.

Ihm und seiner Familie erleichtern allerdings keine Forststraßen die Wege. Die Rehbergalm ist eine jener schwer zu versorgenden Almen, die am Anfang der Saison mit dem Hubschrauber beliefert werden müssen, weil es keine befahrbaren Wege bis ganz hinauf gibt. Jeden Tag schaut Hornsteiner nach seinen Tieren. Gibt ihnen »Miat«, eine Mischung aus Salz und Weizenkleie. Überwacht, ob es ihnen gut geht. Ob Nachwuchs gekommen ist. Was für eine Postkartenidylle, wenn die kleinen Lämmchen mit ihren Müttern über die Weiden streifen, Hornsteiner sehen, zu ihm trotten und seine Hände ablecken. Wie vom Bayern-Marketing erfunden, um zu beweisen, wie weit es in der Idylle-Skala nach oben geht.

Bis Mitte September genießen die Tiere ihre Freiheit, dann werden sie wieder zusammengetrieben und vom Hirten hinunter ins Tal geführt, wo sie ihre Lämmer zur Welt bringen und erneut geschoren werden.

Doch so paradiesisch war es nicht immer. Das widerstandsfähige Werdenfelser Bergschaf war vom Aussterben bedroht. Schätzungen zufolge gibt es heute nur noch 1600 Tiere. Die meisten von ihnen leben im Werdenfelser Land zwischen Mittenwald und Farchant. Dabei waren Schafe im Mittelalter im ganzen Alpenraum von großer Bedeutung. Sie hielten nicht nur die Weiden von Unkraut frei, sondern sorgten auch für den notwendigen Dünger. Mit dem Wandel der Landwirtschaft hin zur Industrialisierung gingen die Schafbestände in den Alpen deutlich zurück. Billige Importware aus Neuseeland und Südamerika verdrängte schließlich heimisches Lammfleisch von der Speisekarte.

GEHEIMTIPP

Anfang Juli von der Rehbergalm aus nach Tirol, Anfang August zurück: Mitte Juli werden 200–250 Schafe abgesondert und für 3–4 Wochen auf die Tiroler Seite getrieben, zur Bärnalpe nahe des Karwendelhauses. Dieses Weidegebiet umfasst 300 ha und entlastet die Rehbergalm. Es ist eine grenzüberschreitende Zusammenarbeit ohne EU-Bürokratie.

Der Umtrieb über den gefährlichen Gjaidsteig ist ein Schauspiel, das seinesgleichen sucht: Eine halbe Stunde lang trotten die Schafe auf einem schmalen Steig zur Bärnalpe hinauf – auf der einen Seite ziehen die schroffen Felswände fast senkrecht nach oben, auf der anderen Seite fällt der Blick in schwindelerregende Tiefen. Bei einem Fehltritt würden Menschen und Tiere 100 m in die Tiefe stürzen. Die Schafe aber gehen stoisch eines hinter dem anderen weiter. Ohne zu zögern. Ohne zu drängeln. Voller Vertrauen in Josef Hornsteiner und seine Hündin Luna, die ihnen den Weg zeigen.

DIE ÖKOBILANZ STIMMT

45 idealistische Mittenwalder Familien beweisen, dass es sich lohnt, dem Preis-Dumping aus Übersee entgegenzutreten. Mit vereinten Kräften konnten sie ihre Tradition retten. Die Mittenwalder hegen und pflegen ihr Werdenfelser Bergschaf. Alle Halter sind in einem gemeinnützigen Verein organisiert. Wie gut, dass sie seit einem Vierteljahrhundert Josef Hornsteiner haben. Doch der winkt ab.

In nahezu unbegrenzter Freiheit leben die Werdenfelser Bergschafe den Sommer über mitten in der Natur.

Vom Aussterben bedroht? Er macht sich keine Sorgen. Die Mittenwalder Schafe auf der Rehbergalm wird es immer geben. Auch, wenn er in Rente geht. Aber bis dahin ist er weiter auf seinem Posten. In seinem Traumberuf. Er geht davon aus, dass er noch etliche Jahre auf die Rehbergalm geht.

Trotzdem sind sich alle Schafhalter einig: Heute »sind diese schönen Tiere nur noch Hobbyschafe«. Denn die Mittenwalder leisten sich das Kulturgut auf vier Hufen, ohne dass die Zucht nennenswerten Profit abwirft. Dafür gibt es andere Vorteile, z. B. für die Umwelt. Klar, auch Schafe verbrauchen Ressourcen. »Nur: Bei uns stimmt die Ökobilanz«, sagt Hornsteiner. Das Werdenfelser Bergschaf ist sehr genügsam und ein guter Futterverwerter. In der Landschaftspflege sei das Schaf ohnehin unersetzlich, denn ohne die vierbeinigen Rasenmäher würde sich der Wald die Weiden innerhalb weniger Jahrzehnte zurückholen und verbuschen. Diese gepflegten Flächen, die Touristen zu Wanderungen einladen. Diese bildschönen Wiesen und Weiden, wo seltene Blumen und Insekten ihren Lebensraum finden.

LÄMMCHEN IM WEIDEGLÜCK

Wenn die Schafe im Juni auf die Rehbergalm übergesiedelt sind, verteilen sie sich übermütig im weitläufigen Gebiet. Josef Hornsteiner kann die Freude der ihm anvertrauten Tiere miterleben. Er sieht ihre üppig gefüllte Speisekammer von seinem Schlafzimmerfenster aus, all die kräuterreichen Wiesen und Hänge. Die Hauptweide liegt – bis auf das Gebiet um den Rehberg – ausnahmslos im hochalpinen Bereich und reicht bis 2200 Meter hinauf.

Die Schafe werden sehr früh geschlechtsreif. Acht Schafböcke begleiten daher die Herde oben auf der Rehbergalm den Sommer über. Die ausgewählten Zuchtböcke werden von der Gemeinde bezuschusst. Bereits mit fünf Monaten können die weiblichen Tiere für Nachwuchs sorgen. Sie säugen ihre Lämmer aufopferungsvoll, erklärt Hornsteiner, und sind fürsorgliche Mütter. Das sei ideal im Gebirge, wo den jungen Lämmern viele Gefahren drohen, wie z. B. von Fuchs und Adler.

Josef Hornsteiner ist mit Schafen aufgewachsen. Bereits sein Vater und der Großvater waren Schafhalter. Auch seine Kinder

» Heute verschreiben sich viele Mittenwalder der Aufgabe, das bäuerliche Kulturgut ihrer Heimat zu pflegen. «

kennen es nicht anders. Manchmal muss ein Lamm mit der Flasche aufgezogen werden. Von Kindesbeinen halten die Hornsteiners Schafe und versorgen die Lämmer. Das prägt. Die ganze Familie begeistert sich für diese Tiere. Schade findet Hornsteiner es nur, dass ein Deutscher pro Jahr durchschnittlich gerade mal ein Kilo Lammfleisch verzehrt. Hornsteiner, gelernter Metzger, schwärmt vom unverkennbaren Geschmack: »Das Draußensein bei Wind und Wetter macht die Tiere fit und robust und trainiert ihre Muskeln.« Da wisse man, welche Qualität auf dem Teller liege. In der Vermarktung sei noch viel Luft nach oben, schmunzelt Hornsteiner. Zum Vergleich: Beim Schwein sind es im Durchschnitt 50 Kilo Fleischverbrauch jährlich. Und das stammt überwiegend aus Massentierhaltung.

AM ENDE DES BERGSOMMERS

Mitte August herbstelt es mitunter schon auf der Rehbergalm, die Weiden verlieren an Kraft. Auf ihrer Hauptweide bleiben die Schafe jedes Jahr bis zum zweiten Freitag im September. Dann kommen die Schafhalter vom Tal zu Josef Hornsteiner hinauf und helfen ihm als Treiber beim Almabtrieb. Am Vorabend sammeln sie die Tiere im ganzen Weidegebiet oberhalb der Alm. Jetzt hört man überall den Lockruf der Hirten: »Höla, höla!«

Mittenwalder Schafabtrieb

Der Abtrieb findet jedes Jahr am 2. Samstag im September statt. Am Sonntag nach dem Abtrieb ist die sogenannte Schafscheid: Dann werden die Schafe getrennt und auf die 45 Mittenwalder Familien aufgeteilt, um den Winter über im Stall zu bleiben. Vor allem die Kinder haben mit den Lämmchen ihre helle Freude, während die Erwachsenen bei Grillfleisch und Bier über den Almsommer sinnieren. Höhepunkt des Tages ist die Preisverleihung, wenn die Schafshalter die Schönheiten unter ihren Tieren prämieren.

Hornsteiner ist die Freude über die Lämmer anzusehen. Über zehn Neugeborene gab es den Sommer über, die letzten vier erst eine Woche vor dem Almabtrieb. Etwas verdutzt ducken sie sich unter ihren Müttern, die ganze Aufregung vor dem Abtrieb ist den Kleinen nicht geheuer. Hornsteiner hingegen ist zufrieden. Alles läuft bestens. Trotzdem blickt er in den Himmel und stellt sich die Frage: Wird das Wetter halten? Werden es er und seine Treiber schaffen, alle Schafe heil nach unten zu bringen? Die Erinnerung an Katastrophen macht ihn wachsam. Vor über zwanzig Jahren stürzten zwölf Tiere in den Tod. Die raue Bergwelt fordert manchmal Tribut.

Am nächsten Tag, dem Samstag, ist es warm und trocken. Weit und breit kein Schnee in Sicht. Gut so. Alle sind ein eingespieltes Team. Nicht nur die Treiber und er, auch die Schafe kennen die Strecke. Über die Dammkar-Skiabfahrt galoppiert die aufgeregte Herde bergab. Hornsteiner und seine Helfer führen sie sicher ins Tal. Im Ort versammeln sich Hunderte Besucher, um das Spektakel mitzuerleben, wenn die Schafe ins Dorf einmarschieren. Kurz nach zwölf trottet die meckernde Karawane durch die Ortsmitte. Alle 500 Tiere folgen brav den Treibern in Richtung Ortsausgang zum Schafstadl, dem Herbstquartier am Fuß des Kranzbergs. Die Lämmer springen übermütig hinter ihren Müttern her.

Josef Hornsteiner und die Treiber haben Glück. Warm und trocken bleibt es während des gesamten Abtriebs. Und nach fast einem Tagesmarsch ist es vollbracht: Die Sommerfrische für die Mittenwalder Schafe ist vorbei. Ins Herbstquartier, den Schafstadl, kehrt wieder Leben ein. Jede Ecke wird von seinen vierbeinigen Bewohnern neugierig begutachtet, dabei wird laut geblökt und gemeckert. Josef Hornsteiner schließt den großen Pferch und wischt sich erleichtert übers Gesicht. Gott sei Dank. Seine Almzeit ist auch dieses Mal gut zu Ende gegangen. Jetzt hat er sich eine Maß Bier und Grillwürste aus Schafsfleisch verdient. Seine Spezln haben schon alles aufgebaut. Bierbänke. Grill. Blasmusik. Bier. Von ihm aus kann es jetzt schneien.

Spezialisten rund ums Schaf

In den fortschrittsgläubigen 1980er-Jahren gaben zahlreiche Mittenwalder die Landwirtschaft auf. Sie konnten von den Preisen, die für die Produkte ihrer Tiere gezahlt wurden, nicht mehr leben.

Obwohl es robuste Wolle liefert und gutes Fleisch, ist das Werdenfelser Bergschaf rar geworden, denn für die Industrie sind die Tiere nicht optimal: Die Wolle ist braun und daher nicht gut zu färben, sie ist auch nicht so weich und fein wie die Wolle des Merinoschafs. Außerdem setzen die Tiere, die das halbe Jahr in den Bergen verbringen, nicht so viel Masse an.

Dabei ist gerade das ein Qualitätsmerkmal für viele Spitzenköche. Sie schätzen die äußerst trittsicheren Tiere, die durch ihre dichte Wolle unempfindlich gegen Kälte und Hitze sind und gutes Muskelfleisch entwickeln. Seitdem »regional« und »saisonal« im Trend liegen, ist das Überleben der »schwarzen«

Der Schafabtrieb ist einer der Höhepunkte im Mittenwalder Jahreslauf. Er kündigt das Ende des Bergsommers an.

Schafe aber nicht mehr gefährdet. Die Werdenfelser Bergschafe sind ein sichtbares Zeichen für gelebte Tradition. Das zarte Fleisch der Lämmer und Jungschafe ist eine Delikatesse, das der älteren Schafe wird zu köstlicher Schafwurst verarbeitet – von Kochsalami, Hartwurst und Kaminwurzen bis hin zu Leberkäse.

Weil in Deutschland jährlich über 50 000 Tonnen Schafwolle aus Australien und China importiert werden, amortisieren sich für einheimische Schafshalter hingegen kaum die Kosten für die Schur. In Mittenwald werden die heimischen Produkte aber immer beliebter. Ob Touristen oder Einheimische: Viele sind bereit, einen höheren Preis zu zahlen, auch für Wolle zum Stricken, für Decken, Teppiche oder Dämmmaterial.

Das Wollfett, Lanolin genannt, hat heilende Wirkung. Bekannt ist der entzündungshemmende Wirkstoff der fetten Schafwolle seit Jahrhunderten. Hebammen setzen Heilwolle ein, wenn Babys unter einem roten Windelpopo leiden oder Mütter Schmerzen beim Stillen haben. Auch bei Gelenkentzündungen können Wollwickel helfen, denn das Lanolin und die Wärme des Wickels wirken schmerzlindernd.

Wolle entfaltet ihre gesundheitsfördernde Wirkung auch in Babyschlafsäcken, medizinisch gegerbten Lammfellen, warmen Wollsteppdecken, weichen mit Schafwollkügelchen gefüllten Kopfkissen, dicken Fellpantoffeln, kuscheligen Decken und Jankern für jede Jahreszeit.

Die Schafwolle wirkt außerdem wärmeregulierend. Die Sachen sind warm, nehmen Feuchtigkeit und Körpergeruch auf und führen durch eine gute Zirkulation sogar überschüssige Wärme ab. Deshalb schwitzt man unter Schafwollsachen kaum.

ALMVERSORGUNG MIT DEM HUBSCHRAUBER

» *Die Hubschrauberversorgung ist die beste Alternative zum mühsamen Hochschleppen auf zwei oder vier Beinen.* «

ALLER ANFANG IST WACKELIG

Es ist halb acht Uhr morgens, ein sonniger Maitag im Weiler Unterwallberg, südlich von Rottach-Egern. Laut Wegweisern dauert es von hier aus anderthalb Stunden zur Bodenalm, einen befahrbaren Weg hinauf gibt es nicht. Die Alm gehört zum Talanwesen der Familie Hagn, Hofname »Staucher«.

Hier, auf der Weide vor dem Bilderbuch-Hof aus dem 18. Jahrhundert, beginnt der Hubschraubertag. Die Idylle hat jäh ein Ende, als hartnäckige Rotoren bellen und Hüte und Kappen von den Köpfen ihrer Träger fegen. Anfängerfehler, amüsiert sich Susanne Krapfl. Ihre Haare werden fest von einer Spange zusammengehalten, mit energischen Schritten marschiert sie über das Feld. Ursula und Hans Hagn, die Senior-Bauern vom Staucher-Hof, müssen die Organisatorin schreiend begrüßen.

Familie Hagn steht neben einem neuen Wassertrog. Der muss mit dem Heli hinauf auf Hagns Bodenalm. »Was für eine Erleichterung«, schwärmt Ursula. Findet auch ihr Mann Hans: »Früher haben wir alles hochgetragen, im Rucksack, auf den Schultern oder mit dem Ross im Karrenwagen.«

Wo der Hubschrauber beladen wird, wäre Platz für mehrere Fußballfelder. So bequem wird es der Pilot heute nicht wieder haben. Bei seinen weiteren Stationen wird er neben Abhängen und hoch aufragenden Felsen landen. Landen müssen. Aber noch läuft alles bestens, Susanne Krapfl freut sich.

DACHRINNEN, SCHUBKARREN UND NUDELN

Sie arbeitet im Fachzentrum Almwirtschaft am Amt für Ernährung, Landwirtschaft und Forsten in Holzkirchen. Das Landwirtschaftsministerium bezuschusst die Hubschrauber-Versorgungsflüge. Für Organisation und Abwicklung ist das Amt zuständig, in Zusammenarbeit mit dem Almwirtschaftlichen Verein Oberbayerns (AVO). Schon lange vor dem Flugtermin hat Susanne vom Schreibtisch aus den aufregenden Tag geplant. Flugminuten abschätzen, Angebote einholen, Termin festlegen, Landeplätze auf Landkarten markieren. Nicht zu vergessen die

Fingerspitzengefühl vom Piloten erforderlich! Nicht alle Transporte können so genau »eingefädelt« werden. Die Baumgartenalm über dem Tegernsee (Bild oben) ist eine der oberbayerischen Almen, die auf die Hubschrauberversorgung angewiesen sind.

Vorne das Dominikanerinnenkloster mitten in Schlehdorf, hinten der Kochelsee. So schön der Ausblick auch wäre, der Pilot achtet nur darauf, zügig von einer Alm zur anderen zu fliegen. Denn abgerechnet wird minutengenau.

Stellen, an denen der Tankwagen wartet. Denn der Motor des Hubschraubers schluckt pro Stunde bis zu 200 Liter Flugbenzin. Andererseits kann er schwerer beladen werden, wenn so knapp wie möglich getankt wird. Alles ist ausgetüftelt, sogar, wann Brotzeit gemacht wird.

Die Hubschrauberversorgung wird jedes Jahr generalstabsmäßig durchgezogen, noch vor dem Almauftrieb. Dachrinnen, Schubkarren, Bretter, Ziegel und säckeweise Kartoffeln und Nudeln finden an diesem Tag den wackeligen Weg durch die Luft. An Netzen und Seilen hängt alles Alm-Lebensnotwendige unter dem Hubschrauber, das Gewicht kann maximal 800 Kilogramm betragen. Je schwerer die Fracht wiegt, desto länger dauert der Flug. Die Rechnung wird nach Minuten gestellt.

ROMANTIK HOCH ÜBERM SCHLIERSEE

Kaum ist der Hubschrauber in der Luft, steigt Susanne Krapfl in ihr Auto und fährt mit Höchstgeschwindigkeit zum nächsten Landeplatz. Sie hat alles im Kopf: Wo gelandet und verladen wird. Wie viel Benzin der Hubschrauber braucht. Bei guten Witterungsbedingungen und wenig Sprit im Tank darf auch mal eine Tonne Gewicht transportiert werden. So viel kann ein Holzwassertrog durchaus auf die Waage bringen. Außer dem Piloten gehören zwei kräftige Männer zum Team, die beim Ein- und Ausladen helfen.

Doch wie jedes Jahr rutschen die Männer in den roten »Heli-Tirol«-Shirts auf ihrer Sitzbank eng zusammen. Sonst könnten Lisl Eham, 85, und Sepp Eham, 87, nicht mitfliegen. Anders kommen die beiden nicht mehr hinauf, auf ihre Baumgartenalm. Von dort schaut das Ehepaar, das seit über 60 Jahren verheiratet ist, hinunter auf den Schliersee. Der Tegernsee liegt auf der anderen Seite des Gipfels. Sie erinnern sich: Dass sie hier barfuß hochliefen, als frisch Verliebte. Seufzen. Wie lang ist das her?

Lisl und Sepp lassen sich von ihrem Senner alles erklären und zeigen. Was ist neu gebaut? Wo wurde ein Zimmer dem Stall abgezwackt? Nach 40 Minuten geht es mit dem letzten Hubschrauberflug von der Alm zurück ins Tal. Sepps Augen leuchten, Lisl schaut verträumt. »Bis nächstes Jahr!«, sagt Susanne Krapfl und hilft den beiden aus dem Hubschrauber. »Ja!«, sagt Lisl nickend. Sepp murmelt: »Wenn ich dann noch da bin.«

Bis 18 Uhr abends steuert der Hubschrauber über ein Dutzend Almen an. Fünfeinhalb Stunden Flugzeit unter Last werden so im Lauf des Tages zusammenkommen. Susanne Krapfls Finger gleitet schon wieder über die Landkarte. Die Zeit drängt. Mit der anderen Hand hält sie ihr Handy ans Ohr und erklärt den noch wartenden Bauern, dass der fliegende Kurier sich verspätet. Sepp und Lisl winken zum Abschied. Die beiden können sich ausruhen. Für die Piloten, die Helfer und für Susanne fängt die Arbeit erst richtig an.

» Früher haben wir alles hochgetragen, im Rucksack, auf den Schultern oder mit dem Ross im Karrenwagen.«

Hans Hagn, Senior-Bauer vom Staucher-Hof

Der Hubschrauber fliegt vom Tegernsee übers Brauneck (Lenggries) Richtung Lärchkogel. Vorne im Bild: die Isar, hinten die Ortschaft Arzbach.

PRIESBERGHÜTTE

» Dass der Enzianschnaps der Priesberghütte mild und nicht bitter schmeckt, liegt daran, dass Lukas beim Brennen dafür sorgt, dass die Bitterstoffe nicht ins Destillat gelangen. «

DIE ERSTE ENZIANBRENNEREI DEUTSCHLANDS

Ein Sommermorgen in den Berchtesgadener Alpen. Dichter Nebel liegt über dem Talgrund, wo die Dämmerung nur zaghaft dem Tag weicht. Oben auf der Priesberghütte ist die Luft klar. Noch ist die Sonne hinter den Bergen verborgen. Das Morgenlicht erhellt zwar schon den Himmel, aber hier oben, auf 1352 Metern Höhe, ist es noch klamm.

Das Brennrecht gibt es auf der Priesberghütte bereits seit vielen Jahrhunderten (oben). **Die Enzianwurzeln** können nur mit einem Spezialwerkzeug ausgegraben werden, »Graberhackl« genannt, ohne dass die Pflanze Schaden nimmt (rechts).

Trotzdem kommt jeder ins Schwitzen, der die Priesberghütte betritt. Schließlich muss hier in den Sommermonaten der Bergbrenner seinen Kessel ordentlich einheizen. Heute ist der Enzianschnaps dran – der beste Deutschlands, wie Fachleute übereinstimmen. Gebrannt wird der von Lukas Schöbinger, dem Brenner der Enzianbrennerei Grassl. Im Sommer ist er oft monatelang in der einfachen Berghütte mit dem Verarbeiten der gesammelten Enzianwurzeln beschäftigt.

INS REICH DER ENZIANE

Ausgangspunkt: Parkplatz Hinterbrand bzw. Mittelstation der Jennerbahn
Anfahrt: Von München über die A 8 nach Berchtesgaden und weiter über Obersalzberg und Scharitzkehl 11 Kilometer bis zum Parkplatz Hinterbrand (Scharitzkehlstraße). Dieser ist ca. 15–20 Gehminuten von der Mittelstation der Jennerbahn entfernt. Bahn nach Berchtesgaden, Linienbus nach Schönau. Der Wanderbus fährt ab 5. Juni montags und donnerstags um 10 Uhr am Parkplatz Königssee ab. Ausstieg: Hinterbrand.
Tourencharakter: Durch die Seilbahnnähe sehr leichte Zugänglichkeit der Hütte
Gehzeiten: Aufstieg vom Parkplatz Hinterbrand: ca. 1 Stunde, Abstieg: 40 Minuten; Aufstieg von der Mittelstation der Jennerbahn: ca. 45 Minuten
Tourdaten: Vom Parkplatz Hinterbrand: 135 Höhenmeter bzw. 200 Höhenmeter im Abstieg von der Mittelstation zur Hütte, 4,5 Kilometer

Die alte Brennhütte liegt im Wandergebiet zwischen Jenner und Königssee. An sonnigen Tagen kommen hier, auf dem Weg zur weiter oben gelegenen Priesbergalm, Dutzende Menschen vorbei, um zu verschnaufen und ein Stamperl zu trinken. Der Brenner ist mit dem Befeuern der Brennblase beschäftigt und verfolgt durch ein Sichtfenster, wie der Dampf allmählich aufsteigt. Er nickt zufrieden.

LEBEN IM DAMPFBAD

Alles hier ist recht einfach. Warmes Wasser gibt es nur, wenn Lukas Schöbinger den Enzian brennt. Im Sommer ist das an vielen Werktagen der Fall. Traditionell waren Schnapsbrenner den Sennerinnen auf den Almen im Umkreis immer die liebsten Nachbarn. Denn die Schnapsbrenner hatten neben dem Schnaps auch noch Unmengen heißes Wasser – während früherer Jahrhunderte das Luxusgut schlechthin in den entsagungsreichen Sommern hoch droben. Und:

Meisterwurz wird vor der Verarbeitung sehr klein gehackt, um alle gesunden Inhaltsstoffe zu extrahieren. Wenn der Bergbrenner Lukas Schöbinger die Maische für den Schnaps ansetzt, kontrolliert er täglich den Reifungsprozess.

Bei den Brennern war nicht nur ein einziges Zimmer warm – also die Küche –, sondern die ganze Hütte.

Lukas Schöbinger baut für die Wanderer die Schnapsbar auf, eine weitere Attraktion der Hütte. Wie das warme Wasser fließen auch die Spirituosen bei ihm in Strömen. Eine kleine Holzleiter verhindert das Umstürzen der drei Flaschen, die er in den Wassertrog stellt. Immer wieder fließt es aus einem kühlen Gebirgsbach plätschernd in den natürlichen Kühlschrank. Da stehen sie aufgereiht wie Musterschüler: Meisterwurz, Enzian-Kräuterlikör und Enzianschnaps – zur Selbstbedienung bereit.

Ein paar Meter weiter in Lukas' Innenraum ist von der morgendlichen Kühle nichts zu spüren. Ganz im Gegenteil: Wie im Dampfbad trüben schwüle Nebelschwaden den Blick zur gegenüberliegenden Wand. Das Feuer im Ofen knistert und knackt. Der heiße Wasserdampf kondensiert an der Innenwand des Kupferkessels. Die Fenster sind so beschlagen, dass kleine Rinnsale um die Wette hinabperlen. Der Alkohol aus der Maische wird durch ein sogenanntes Geistrohr abgeleitet. Der Hahn am Ende des Mini-Kanalsystems ist auch das Ende der Kühlschleife. Der fertige Enzianbrand fließt jetzt als glasklare Flüssigkeit in eine Milchkanne, wie sie auf Almen nach dem Melken benutzt wird. Es ist der Höhepunkt eines mindestens zwei Tage dauernden Prozesses mit mehreren Brennvorgängen.

Neben Alpenrose und Edelweiß ist Enzian das meistbesungene, meistgemalte und meistgesuchte Blumenkind der Alpen. Wenigstens vierzig Spezies werden damit bezeichnet. Deshalb ist es streng genommen falsch, »den Enzian« als Single zu betrachten. Auch das Wort »Enzianblau« – in populären Volksweisen geschmettert – steht für eine Verallgemeinerung, die verwirrender nicht sein könnte. Denn neben dem berühmten blau blühenden Enzian wachsen lila blühende, gelbe, purpurfarbene und sogar rot getupfte Enziane im Berchtesgadener Land. Dieser reichen Farbpalette entspricht eine ebenso überbordende Mannigfaltigkeit an Unterschieden in Größe, Lieblingsböden, Blütezeit, Blatt- und Kelchgestalt, Blütenzahl, im Wachstum in die Höhe und – die Wurzel betreffend – auch in die Tiefe.

ENZIAN – ALPENBLUME DER SUPERLATIVE

Es gibt drei Vertreter, aus deren Wurzeln seit Jahrhunderten ein besonderer Saft entsteht. Ach was, ein Allheilmittel. Gebrannt wird das Elixier wie anno dazumal. Und doch sind eben jene schnapsbringenden Enziane diejenigen der Pflanzengruppe, die kaum gemalt und nicht besungen werden: die gelbe und rote, auch Bitter-, Fieber-, Hirsch- oder Hochwurz genannte Gentiana pannonica und Gentiana purpurea sowie die Gentiana punctata. Alle drei floralen Königinnen werden kniehoch. Diese heimische Staude, an deren Stamm gelb getüpfelte oder purpurfarbene Kelchdolden elfenartig angeordnet sind, blüht vom Mittsommer bis in den Oktober. Keine kecke Schönheit, aber sie hat ein weites Herz, das all die Almwiesen einschließt. Und deren Heilkräfte anzapft.

Für den Kenner symbolisiert dieser Enzian den Esprit der Berchtesgadener Bergwelt. Den Geist der hiesigen Gipfel. Das jahrhun-

Meisterwurz

Der
Bergbrenner

Bergbrenner Gin
Meisterwurz

Auf dem Firmengelände der Enzianbrauerei Grassl ist eine Original-Almhütte aufgebaut.

dertealte Wissen der Vorfahren. Für die Tiermedizin ist Enzian von jeher genauso wertvoll wie für die Menschenheilkunde. Denn tief verankert in den kalkigen Fels, auf dem sie wächst, saugt diese mächtige, verzweigte Wunderpflanze eine Geheimkraft aus dem Mutterboden, die ihr nur Spezialisten zu entlocken vermögen. Wie der Bergbrenner Lukas Schöbinger, der jetzt mit dem Brennholz hantiert als wären es Bauklötzchen. Sieben Jahre, erklärt Lukas Schöbinger, braucht der pannonische, der gelb getüpfelte Enzian, um zu reifen, und erst wenn er verblüht ist und die Kraft zurück in die Wurzel geht, wird sie zum Brennen ausgegraben.

BESCHWERDEFREI DANK SCHNAPSERL

60 bis 70 Wurzeln braucht man für einen Liter Destillat. In einem halben Jahrhundert schwellen die Wurzeln bis zur Armdicke an. Sie bergen den intensivsten natürlichen Bitterstoff der Welt mit sagenhaften Kräften, dem medizinischen Wirkstoff Gentiopikrin. Im Volkstum wird er als Enzianbitter geschätzt. Amarogentin, ein weiterer Bitterstoff aus dem Enzian ist noch in einer Verdünnung von 1:58 Millionen deutlich wahrnehmbar. Wenn man ein Schnapsglas davon in einer Wassermenge verdünnt, die 5800 gut gefüllten Badewannen entspricht, würde man den Wirkstoff immer noch rausschmecken.

Im Mittelalter versprach die Enzianwurzel Linderung gegen fast alle Beschwerden, vom Achillessehnenriss über Melancholie bis hin zu Zahnschmerzen. Seither hilft Enzianschnaps den Älplern auch gegen Gicht, Fieber, Liebeskummer und wenn ihre Maultiere Krampfadern haben. Zu Beginn des 17. Jahrhunderts hat sich im Alpenraum das Brennen von Enzianschnaps mit unverbrüchlichen Brennrechten etabliert.

Dass der Enzianschnaps mild statt herb schmeckt, liegt daran, dass Lukas auf der Priesberghütte dafür sorgt, dass die Bitterstoffe nicht ins Destillat gelangen. Das ist eine Kunst. Scharfen Schnaps zu brennen, geht viel leichter. Lukas hingegen passt ständig die Temperatur seines Brennofens an. Ohne Thermometer oder digitales Hilfsmittel. Beim Arbeiten mit dem Brennofen zählen andere Fertigkeiten: Wissen, Erfahrung, Fingerspitzengefühl. Doch werde man schließlich mit einem Allheilmittel belohnt, wie es bereits die Vorväter verwendeten, lacht der Brenner schelmisch.

Verkaufsraum der Enzianbrauerei Grassl. Hier können Besucher (fast) jeden Schnaps und Likör aus dem Sortiment verkosten.

BRENNENDER GEIST

Dass hier, mitten im Nationalpark Berchtesgaden, die Wurzeln einer unter Naturschutz stehenden Pflanze aus dem Erdreich geholt und diese kommerziell genutzt werden dürfen, ist kaum zu glauben. Doch im Jahr 1620 erhielt die Grassl-Familie von den geistlichen Landesherren das verbriefte Recht, im Berchtesgadener Land Enzianwurzeln auszugraben und Geist aus ihnen zu brennen. Eine Urkunde mit dem »Wege-, Holz-, Wasser- und Brennrecht« liegt im Tresor. Sogar ein Kranebitt-Recht hat die Familie: Das erlaubt, aus dem Wacholder des Nationalparks einen Brand zu destillieren – Wacholderschnaps, anderswo bekannt als Gin, Genever oder Kranewitt. Dieses Privileg ist den Grassls und ihren Erben, der Familie Baierl, garantiert. Bis zum heutigen Tag. Vorausgesetzt, die umtriebige Familie schädigt die Natur nicht.

Das Brennen in dieser Höhe garantiert eher das Gegenteil. Die Prozedur des Wurzelgrabens und Sammelns bleibt unverändert und oft sehr mühsam. Die meterlangen schweren Wurzeln aus dem Boden zu stechen, dafür gibt es keine Maschine, die womöglich die Luft verpestet. Stattdessen ist das Hacken sprichwörtlich meilenweit zu hören. Mehrere Dutzend Kilo pro Mann und Tag gräbt Lukas mit seinen Kollegen zur Erntezeit aus. Er kennt die Standorte, wo sich der Enzian am wohlsten fühlt: sonnige Hänge auf Kalkgestein. Die Pflanze wurzelt bis zu 1,20 Meter breit. Mit einer gezackten Hacke zieht Lukas die knolligen Stränge aus dem Boden. Manche sind dicker als seine muskulösen Oberarme. Die ersten 30, 40 Zentimeter kommen in seinen Sack. Die dünneren Wurzelenden oder -spitzen bleiben unverletzt im Erdreich, damit der Enzian weiter wachsen kann. Fünf bis sieben Jahre darf er sich bis zur nächsten Ernte erholen.

In der Priesberghütte legt Lukas die wertvolle Fracht auf die Wurzelhackbank an der Außenseite der Brennhütte. Jetzt hackt er mit einem schweren Beil auf die Wurzeln ein. Bis zu zehn Stunden dauert das Zerkleinern. An sonnigen Tagen helfen neugierige Wanderer mit. Lassen sich geduldig erklären, wie klein die Wurzeln sein müssen, damit sie für den Brennvorgang geeignet sind. Lukas klatscht in die Hände. Alles läuft bestens. Sein Brennofen ist schon bereit. Und natürlich auch die Probierflaschen für die Wanderer. Wie an den meisten Werktagen im Sommer.

STAFFELALM

» Wie oft sehne ich mich so … über diese Höhen wandern zu können.«

Franz Marc (Brief an Marie Schnur, 17. Juni 1906)

SCHICKSALSORT VON FRANZ MARC

Halb sechs Uhr morgens. Wie zarte Spitzen zeichnen sich die Baumkronen gegen den Himmel ab. Die 28-jährige Hauswirtschaftsmeisterin Magdalena ist die Sennerin auf der Staffelalm. Wenn ihr Wecker klingelt, darf Katzenkind Feli noch ein Viertelstündchen mit Magdalena schmusen.

Danach heizt sie den alten Holzofen an und setzt viel Wasser auf. Die Hitze braucht sie später zum Brotbacken, das heiße Wasser zum Geschirrspülen. Mit der ledernen Salztasche marschiert die junge Frau dann bei Dämmerlicht los, um ihre Tiere zu suchen. Die Strahlen ihrer Taschenlampe mäandern hin und her und malen tanzende Kreise auf den Boden. Nein, es ist nicht jeden Tag leicht, die Kühe zu finden. Der Wind zerrt an Magdalenas Jacke. Selbst wenn im Tal Badewetter herrscht, kann es hier oben empfindlich kalt werden.

AUSSICHTSREICHE RUNDTOUR FÜR KUNSTSINNIGE
Ausgangspunkt: Jachenau (Ortsteil Laich oder Parkplatz Schützenhaus)
Anfahrt: Über Bad Tölz nach Lenggries, auf Höhe des Ortsteils Wegscheid nach links in die Jachenau abbiegen. Bahn nach Kochel am See, Bus-Linie 9612 bis Haltestelle Pessenbach.
Tourencharakter: Landschaftlich reizvoller Aufstieg entlang der Großen Laine und durch die schöne Rappinschlucht zur Alm. Bei Schnee oder Vereisung sollte man allerdings den Weg durch die Schlucht meiden und weiter über den Forstweg zur Alm wandern.
Gehzeiten: Aufstieg: 3 Stunden, Abstieg: 2.30 Stunden
Tourdaten: 770 Höhenmeter, 17 Kilometer

Am Horizont des Rabenkopfs ballen sich die Wolken. Magdalena lauscht in die Stille hinein, bis sie den Kuhglocken nachgehen kann. Wenn sie ihre Herde wohlauf gefunden hat, »ist es jedes Mal eine Erleichterung«.

Nach dem Streicheln, Salznaschen und Zählen ihrer Tiere freut sich Magdalena auf ihr Frühstück. Holzscheite knistern im Ofen. Sie zieht ihre Arbeitsschuhe vor der Stube aus, hängt ihre Jacke an den Nagel, und bald schon zieht Kaffeeduft durch den flammenwarmen Raum. Zeit wird's für Wurst-, Käse- und Marmeladenbrote. Hinter Magdalena: ein grün-blaues, blasses Wandgemälde mit zwei Hirschen. Katzenkind Feli springt übermütig davor herum. Nichts deutet darauf hin, dass sich hier ein berühmter Maler verewigt hat, dessen millionenschwere Werke sich heutzutage nur wenige Sammler leisten können.

KUNSTGESCHICHTE UNTER SIEBEN FARBSCHICHTEN

Die Staffelalm mit den Franz-Marc-Gemälden gehört Sepp Orterers Familie. Die Orterers bewirtschaften unten im Dorf Jachenau seit elf Generationen den Langerbauernhof. Eigentlich ist die dazugehörige Staffelalm eine ganz normale Alm, wie sie alle Talbauern der Jache-

Jeden Morgen marschiert Magdalena los, um ihre Tiere zu suchen. Sie werden von der Sennerin gestreichelt, gezählt und dürfen Salz naschen.

» Beim Aufwachen glaubte ich, auf der Staffelalm zu sein, da ich vom Geräusch von Kuhmelken aufwachte, bis ich entdeckte, dass ich im europäischen Krieg sei. «

Franz Marc, kurz vor seinem Tod 1914 an seine Mutter

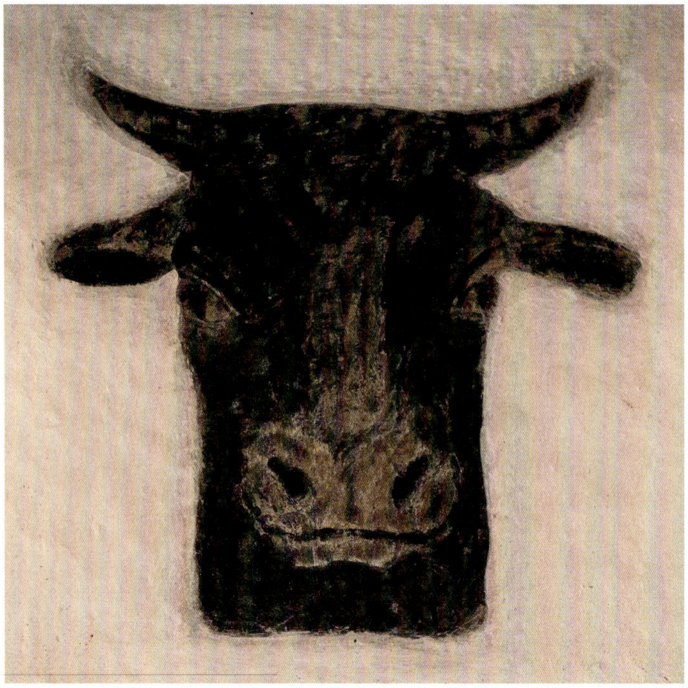

nau in den Höhenlagen betreiben. Doch die Franz-Marc-Gemälde locken nicht nur Wanderer, sondern auch Kunstwissenschaftler in die 1320 Meter Höhe. Atemlos blicken sie dann auf die Originale, wie sie vergleichbar sonst nur im Münchner Lenbachhaus oder in der Neuen Pinakothek zu finden sind.

Landwirt Sepp Orterer ist es zu verdanken, dass die über 100 Jahre alten Werke Marcs wieder an ihrem Entstehungsort erstrahlen. Über viele Jahrzehnte hinweg übertünchten Senner die Tierzeichnungen mit frischer Kalkfarbe – wie es eben in rußigen Almküchen immer schon gemacht wurde. Sepp Orterers Großvater konnte sich aber erinnern, dass über der Kellertreppe noch ein Bild sein musste. Und eins über der Tür. 1996 hat schließlich ein Restaurator des Denkmalamts sieben Farbschichten von der Stubenwand abgetragen …

Wenn die ersten Gäste kommen, ist Sennerin Magdalena schon fünf bis sechs Stunden auf den Beinen. Sie richtet den Wanderern handfeste Brotzeitteller her und kredenzt stolz den Jachenauer Bergkäse aus Sepp Orterers Talbetrieb. Daneben erklärt sie Wanderstrecken oder Kunstgeschichte: »Um 1900 herum verbrachte der Kunststudent Franz Marc mehrmals seine Semesterferien auf der Staffelalm. Im Ersten Weltkrieg erinnerte er sich wehmütig an die wildromantischen Ausblicke.«

Jede Sennerin auf der Staffelalm wird früher oder später von den Besuchern gebeten, ob sie denn einen Blick auf die Franz-Marc-Gemälde werfen dürften. Dafür hält Magdalena einen Spiegel so, dass der »Stierkopf« von außen zum Greifen nah erblickt werden kann. Das zweite Gemälde »Hirschpaar« ist bequem durch die offene Tür zu sehen, wenn die junge Frau ihre Gäste bedient.

Handfeste Brotzeitteller neben millionenschweren Werken, die sich heutzutage nur wenige Sammler oder Museen leisten können. Auch Franz Marc mochte die deftigen Speisen hier oben. Katzenkind Feli springt übermütig und ahnungslos vor seinen Werken herum.

SCHICKSALSJAHRE EINES MALERS

Die Almstube mit den beiden Wandbildern gehört heute allein der Sennerin als Wohn- und Arbeitsbereich. Zu Franz Marcs Zeiten war das anders; er war mit dem damaligen Senner eng befreundet. Brigitte Rossberg, Historikerin und Marc-Biografin: »Es gab keinen wichtigeren Ort für Franz Marc als die Staffelalm.« Aus Marcs Briefen hört man heraus, wie glücklich er auf seiner Alm war. Nicht nur in der Stube hat er die Wände bemalt, auch Zäune hat er hier oben gezeichnet, Kühe, den Hirtenjungen und seine Geliebten – denn unten im Tal war Marc in aufreibende Dreiecksbeziehungen verwickelt. Hier oben verbrachte er Schicksalsjahre. Das Gemälde »Zwei Frauen am Berg«, das im Franz-Marc-Museum in Kochel im Original betrachtet werden kann, zeigt zwei seiner drei Geliebten auf der Wiese vor der Staffelalm liegend: Maria Franck und Marie Schnür. Mit Letzterer ging er sogar eine Scheinehe ein, um ihr den Zugang zu ihrem unehelichen Kind zu ermöglichen.

Vielleicht erfand Marc diese Geschichte auch nur, um die aufgebrachte Maria Franck zu beschwichtigen? Während seine dritte Geliebte, die verheiratete Annette Simon still unter der Eheschließung litt. Was der Maler in gekonnten Pinselstrichen auf der Staffelalm zeichnete und was aussieht, wie Freundinnen in der Sommerfri-

Völlig losgelöst

Dr. Cathrin Klingsöhr-Leroy, Direktorin des Kocheler Franz-Marc-Museums ist überzeugt, dass Marcs Liebeleien, oszillierend zwischen Liebesrausch und dem Vermitteln der verletzten Verehrerinnen, große kreative Kräfte freilegten. Marc konnte sich auf der Staffelalm ganz auf die Natur konzentrieren, sich erholen und der Malerei widmen. Auf der Staffelalm findet der Maler die Befreiung der Farbe von der Natur, um die er noch ringt. Hier experimentiert er zum ersten Mal mit der Loslösung von der Gegenständlichkeit, mit der er noch hadert.

Auch wenn auf der Staffelalm Franz Marcs Werke hängen, unterscheidet sich der Almbetrieb keineswegs von anderen Almen. Verkauft werden Wurst- und Käsebrote. Und Bier. Denn Durst haben die Kunstliebhaber genau wie alle anderen Wanderer.

sche, entwickelte sich zum Eifersuchtsdrama. Entgegen vorherigen Absprachen klagte Marie Schnür bei der Scheidung ihrer Scheinehe auf Ehebruch und verhinderte so zehn Jahre lang, dass Franz Marc ihre Nebenbuhlerin Maria Franck heiraten konnte. Erst als der Erste Weltkrieg ausbrach, waren Maria und Franz standesamtlich verheiratet. Sie hatten da gerade ein paar Tage auf der Staffelalm verbracht und die Mobilmachung versäumt.

Auffällig ist an Marcs Wandgemälde vom Hirschpaar, dass – ganz gegen die Natur – die Hirschkuh dem Hirschbock nachläuft. »Wie dem Maler die Frauen!«, amüsiert sich Magdalena. Kein Wunder: Er sah gut aus, war charmant und romantisch. Magdalena blickt sich in ihrem Reich um. Wenn die blaue Stunde kommt und das Abendlicht die Karwendelkette in Pastellfarben taucht, kann sie sich den Maler hier oben gut vorstellen. Sie lässt dann das Geschirr liegen und setzt sich auf die Bank vor dem Haus. So wird der Maler manches Mal auch gesessen haben.

Er muss es geahnt haben, denkt Magdalena. Es blieben ihm nur wenige Jahre. In die packte er alle seine Liebesbeziehungen, »für die andere Menschen doppelt so viel Lebenszeit vom Schicksal bekommen«, so die Sennerin. Darunter eine leidenschaftliche Brieffreundschaft mit der Dichterin Else Lasker-Schüler. 1916 fiel Franz Marc vor Verdun. Er war 36. Was er auf der Staffelalm künstlerisch geschaffen hat, lässt ahnen, wie sehr er hier oben bei sich selbst war. Genau wie Magdalena im Licht der Dämmerung. Sie wäre ein ideales Modell für den malenden Marc: Magdalena, die, von einem staubflirrenden Sonnenstrahl beleuchtet, in den Himmel blickt.

KÖNIGSALM

» Auch die österreichische Kaiserin Sisi war hier gern zu Gast – und konnte standesgemäß willkommen geheißen werden.«

ROYALE RINDER UND HERZOGLICHE HAFLINGER

Am Türstock der Königsalm steht mit Kreide geschrieben: 20*C+M+B+18. Wer katholisch erzogen wurde, dem ist diese Buchstabenkombination vertraut, der hat sie womöglich selbst über der Haustür. Am Dreikönigstag greifen die Weisen aus dem Morgenland, die Sternsinger, zur Kreide, um den Hauseingang für ein weiteres Jahr zu segnen. Ihre Namen: Caspar, Melchior und Balthasar.

Schon zur Glanzzeit des Kreuther Bade- und Kurbetriebs in der ersten Hälfte des 19. Jahrhundert war die Königsalm ein beliebtes Ausflugsziel.

Evangelischen Besuchern der Königsalm wird die Formel »C+M+B« manchmal anders erklärt: als Abkürzung für »Königliche Monarchie Bayern«. Könnte man meinen. Weil die Buchstaben an etlichen Haustüren Oberbayerns prangen wie eine Beschwörungsformel. Weil der allgegenwärtige König Ludwig II. eine Sehnsucht nach Monarchie erahnen lässt. Weil die Wittelsbacher und die Bayern einfach zusammengehören. Und so eine Gesinnung kritzelt man sich in den bayerischen Bergen als Monarchist halt an die Haustür. Stimmt aber nicht.

Dass die Königsalm ihren royalen Namen nicht umsonst hat, stimmt hingegen. Die heutige Besitzerin ist Spross ebenjener »Königlichen Monarchie Bayerns«; ihr Name verrät unzweifelhaft, dass sie von blaublütiger Herkunft ist: Ihre Königliche Hoheit Herzogin Helene in Bayern. Vor einigen Jahren hat ihr der Vater, Seine Königliche Hoheit Herzog Max in Bayern, die Königsalm überschrieben. Und Herzogin Helenes Vorfahren – das bayerische Königshaus – haben 200 Jahre lang Spuren auf der Königsalm hinterlassen.

WO SCHON KAISERIN SISI DIE AUSSICHT GENOSS

Ausgangspunkt: Parkplatz Klamm/Königsalm
Anfahrt: A 8 München–Salzburg bis Ausfahrt Holzkirchen, dann B 318 über Warngau nach Gmund und weiter über Tegernsee Richtung Achensee, durch Kreuth hindurch, den Parkplatz Wildbad Kreuth links liegen lassen und weiter Richtung Achensee bis zum Parkplatz Klamm/Königsalm. Oder mit der Bahn (BOB) bis Tegernsee und weiter mit Bus 9550 oder 9556 zur Haltestelle »Klamm, Kreuth« direkt am Ausgangspunkt
Tourencharakter: Leichte Wanderung über Forst- und Karrenwege durch Wald und sanftes Almgelände
Gehzeiten: Aufstieg: ca. 1.30 Stunden, Abstieg: 1 Stunde
Tourdaten: 300 Höhenmeter, 3,8 Kilometer

UNIKAT IM GESAMTEN ALPENRAUM

Bevor der Urahn der Herzogin, König Max I. Joseph, die Alm kaufte, gehörte sie dem Kloster Tegernsee. Das 1818 von König Max I. Joseph errichtete Kavaliershaus neben dem einstigen Almgebäude gilt im gesamten Alpenraum als Unikat. Der König hat die Alm in Begleitung seiner Familie gern besucht und dort genächtigt. Sein royales Schlafgemach auf 1117 Metern Höhe im Kavaliersbau war wesentlich komfortabler, als es sonst in den Bergen üblich war.

Die Zeiten der gekrönten Häupter sind auf der Königsalm lange vorbei. Heute gibt es nur noch eine Bienenkönigin. Denn Senner Andreas und sein Vater haben ein Bienenvolk vom Tal auf die Alm gebracht.

Das Kavaliershaus steht einem geduckten Holzbau gegenüber, dem Stall und Stadel. Aufrecht in einem Meer aus Almwiesenblumen, an den Berg geschmiegt wie an den Liebsten. Hier schläft inzwischen nur noch sehr selten ein Mitglied der Familie Wittelsbach, stattdessen Senner Andreas Mehringer und eine Sennerin. Diesen Sommer ist es Katharina Gerlmaier. Die beiden teilen sich die Arbeit: Andreas ist für die Tiere zuständig, Katharina, die Hauswirtschaftsmeisterin, verarbeitet drinnen täglich 100 Liter Milch zu Butter und Topfen. Außerdem backt sie Brot und Kuchen. Die beiden sind ein eingespieltes Team.

Andreas und Katharina haben eine fürstliche Unterkunft. Früher wohnte der Senner noch in der Holzhütte, die heute als Stall und Stadel fungiert. Also dort, wo Andreas das Melkgeschirr hinhängt und all seine anderen Werkzeuge – Heugabel, Hobel, Hammer. Das Kavaliershaus dagegen war dem König und seinen Gästen vorbehalten. Es erinnert an eine historische Schweizer Villa; an hochherrschaftliche Sommerfrische. Im ersten Stock gibt es – untypisch für eine Alm – große Fenster, einen Balkon und einen Salon, in dem Kaiserin Sisi zur Sommerfrische weilte.

DIE TIERE STEHEN AN ERSTER STELLE

Das Almgebiet ist aber nicht nur für die majestätische Königsalm berühmt, sondern auch für die Vielfalt an Bergblumen. Mit über 200 Pflanzenarten lockt es zahlreiche Insekten an. Deshalb hat sogar ein Bienenvolk auf der Königsalm sein Zuhause. Zumindest, seit Andreas hier der Pächter ist.

Sich um die Tiere kümmern, das Weidegebiet und die Gebäude pflegen, Gäste bewirten – das sind die täglichen Aufgaben hier. Auch wenn es eine herzogliche Alm ist: Die Tiere stehen an erster Stelle. Neben den Rindern gibt es sieben Haflinger von Her-

> » *Manches Mal, so wird gemunkelt, wurde auf der Königsalm Weltgeschichte, wenn nicht gemacht, so doch vorbereitet.* «

zogin Helene. Eine ideale Kombination: Die Pferde grasen tiefer, fressen auch Altgras und Disteln, also Pflanzen, die die Kühe verschmähen. Deshalb sind die Haflinger eine gute Nachhut für das vollständige Abernten der Almwiesen.

Andreas ist gelernter Zimmerer. Für die Almzeit stellt ihn sein Arbeitgeber frei. Er ist auf einem Bauernhof ganz in der Nähe aufgewachsen, als Jüngster von fünf Geschwistern. Deshalb war der Antritt der Almstelle für ihn quasi ein Heimspiel. Noch dazu hat er in der Nähe sein Jagdrevier, und Herzogin Helene kannte er ebenfalls bereits. Die freute sich, dass der junge Zimmerer als Senner auf die Königsalm wollte, gerade als der vorhergehende Pächter aus Altersgründen Abschied nahm. Denn die neben dem Kavaliersbau gelegene Almhütte aus dem Jahr 1723 ist mit fast 50 Metern Länge der größte historische Holzblockbau im Landkreis Miesbach – Andreas ist hier nicht nur als Senner, sondern auch als Zimmerer gefragt.

DER GLEICHTAKT DES ALLTAGS

Zum Glück wird es noch eine Weile dauern, bis sich die ersten Wanderer blicken lassen. Diese stille Zeit beim Morgenkaffee genießen Andreas und Katharina. Sie besprechen dann in aller Ruhe den Tagesablauf: Wer was erledigt. Wann während der Woche bestimmte Arbeiten dran sind. Ob besondere Gäste kommen – wie heute Nachmittag, denn die Besitzerin der Alm, Herzogin Helene, hat sich angekündigt. Sie will nach dem Rechten sehen.

Bis dahin gibt es noch jede Menge Arbeit. Andreas bessert die Zäune aus, schneidet Latschenschösslinge zurück, sammelt Steine von den Weiden und schichtet sie zu Mauern auf. Bei den Haflingern kontrolliert er, ob die Hufeisen sitzen. Alles bestens. Zufrieden schaut er nach Osten zu den Blaubergen. Zieht die würzige Bergluft in seine Lungen. Die Wiesen sind sattgrün, das Wetter günstig.

Andreas gönnt sich eine Pause, der Himmel ist eh verhangen. Bei sonnigem Wetter strömen die Gäste in Scharen auf die Königsalm. Da hätte er keine Zeit. Heute aber kraxelt der Senner auf den Gipfel des Schildensteins, den Hausberg der Alm. Setzt sich oben ins Gras, schaut hinüber ins Tal. Für eine Viertelstunde reißt der Himmel auf: Was für eine Aussicht auf Karwendel, Zugspitze, das Rofan, den Achensee und die schneebedeckte Reichenspitzgruppe! Davor: der markante Guffert. Von den Einheimischen wird er augenzwinkernd »Tegernseer Matterhorn« genannt, eine gewisse Ähnlichkeit ist unverkennbar.

Königsalm-Streuselkuchen

SO GELINGT'S

Mürbteig:
500 g Mehl, 250 g Butter, 125 g Zucker, 2 Eier, 2 TL Backpulver

Streusel:
300 g Mehl, 200 g Butter, 200 g Zucker, 1 TL Zimt

Belag:
1 Glas Kirschen (750 g), Saft angedickt mit Puddingpulver

Aus allen Teigzutaten einen Mürbteig herstellen, Teig ausrollen, aufs Backblech legen.
Zutaten für die Streusel vermengen.
Die mit dem Saft angedickte Kirschmasse auf den Teig streichen und die Streusel darüber geben.
Bei Mittelhitze (180 Grad bei Umluft, sonst 200 Grad und 10 Minuten vorheizen) ca. 45 Min. backen.

» Wenn der bayerische Herrscher illustre Gäste oder seine weit verzweigte Verwandtschaft empfing, besuchte er mit ihnen oft seine Alm. «

WO EINST GEKRÖNTE HÄUPTER KURTEN

Dabei schlummerte das Tegernseer Tal bis ins 19. Jahrhundert hinein vor sich hin. Erst König Maximilian I. Joseph in Bayern, der Urahn Herzogin Helenes, weckte es vor 200 Jahren aus dem Dornröschenschlaf. Und die Königsalm spielte dabei eine wichtige Rolle. Denn bald nach einem Besuch auf der Alm kaufte der bayerische König 1817 auf Drängen seiner Gattin Königin Caroline die Gebäude des ehemaligen Benediktinerklosters, das zur Sommerresidenz der Familie wurde. Als Nächstes erstand der König 1818 das verwahrloste Kurhaus Bad Kreuth und ließ es zwei Jahre lang gründlich renovieren und in den Folgejahren ausbauen und erweitern. Bad Kreuth (heute Wildbad Kreuth) wurde zu einer königlichen Kur-und Heilanstalt – und dazu brauchte es Ziegenmolke für die Heil- und Schönheitsbäder sowie Trinkkuren, die auch aus Alpenkräutern hergestellt wurden.

Nahe der Königsalm lebten in Siebenhütten bis zu 500 Ziegen. Deren Molke wurde in Holzfässern nach Bad Kreuth gebracht. Der eigens dafür angelegte Pfad führt heute noch als Fußweg ins Tal. Und so kamen im Sommer Kaiser und Könige zur Kur nach Wildbad Kreuth und ins Tegernseer Tal, und auch ein zünftiger Ausflug auf die komfortable Alm des bayerischen Monarchen durfte dabei nicht fehlen. Manches Mal, so wird gemunkelt, wurde auf der Königsalm Weltgeschichte, wenn nicht geschrieben, so doch zumindest vorbereitet.

Die Zeiten der gekrönten Häupter sind lange vorbei, heute schwingt Senner Andreas mit seiner Kollegin das Zepter – und die einzige Königin hier oben ist die Bienenkönigin. Übrigens: Auch die Buchstaben C, M und B stehen nicht für die königlichen Namen der Weisen aus dem Morgenland, sondern für den lateinischen Wunsch »Christus Mansionem Benedicat«, übersetzt: »Christus, segne dieses Haus«.

Wenn Sennerin Katharina morgens mit dem Verarbeiten der frisch gemolkenen Milch beginnt, wartet der Almkater Wiggerl sehnsüchtig, ob der Sennerin etwas heruntertropft. Sein Katzenglück ist perfekt, wenn sogar eine ganze Milchpfütze auf dem Boden landet. Eifrig leckt er dann alle Spuren davon auf, als möchte er beim Saubermachen helfen (linke Seite). Alles Handarbeit: Sensen auf der Alm (rechts).

GUNDA

» Meine oidn Weibi, Gunda und Katel, brav, brav.«

Senner Andreas redet seinen Milchkühen während des Melkens gut zu.

Aus der frischen Milch entsteht neben Topfen und Frischkäse die feine Almbutter; traditionell wird sie in Holzmodeln geformt, die bereits seit über hundert Jahren auf der Alm benutzt werden.

ALM-ABC

WAS SIE SCHON IMMER ÜBER ALMEN WISSEN WOLLTEN

ALM
Das bayerische Wort Alm wie auch das alemannische Alp leiten sich vom lateinischen »alpis« ab. Der Wortstamm kommt aus dem Keltischen und bedeutet »Berg«. Rund 22 000 Rinder verbringen die Sommermonate von Ende Mai bis Anfang Oktober auf den 709 Almen in Oberbayern. Dazu kommen Schafe und Ziegen, Pferde und Schweine.

ALMANGER
Eine blütenreiche Almwiese mit Schmetterlingen und Hummeln. Der Almanger liegt nahe der Alm, wird eingezäunt und manchmal mit dem Mist der eingestallten Tiere gedüngt, damit das Gras besonders hoch und saftig wächst. Der Almanger wird nur einmal gemäht. Wenn das Gras mehrmals gewendet und von der Sonne durchgetrocknet ist, wird es eingelagert, um bei einem plötzlichen Wintereinbruch eine Notration Futter zu haben. Der Rest wird über den Winter als Heu für die nächste Saison aufbewahrt.

ALMABTRIEB
Der große Festtag Ende September – meist an Michaeli (29.9.) – oder Anfang Oktober, an dem es für Mensch und Tier zurück ins Tal geht. Hat es keinen Un- oder Todesfall gegeben, zieht das Vieh feierlich geschmückt von der Sommerweide in die heimatlichen Talweiden, bevor es in den Stall zurückgeht. Begleitet wird der Almabtrieb von der Sennerin oder dem Senner und der Bauernfamilie. Die Frauen tragen Dirndl, die Männer Lederhosen. Es gibt Schnaps auf dem Weg und am Ende eine zünftige Brotzeit für alle. An diesem – auch für die Tiere – aufregenden Tag geben sie abends beim Melken nur die Hälfte der gewohnten Milchmenge.

ALMAUFTRIEB
Der Almauftrieb findet zwischen Mitte Mai und Mitte Juni statt. Witterung und Fortschritt der Vegetation auf der Alm entscheiden über sein genaues Datum, damit die Tiere grasen können und genug Futter finden. Bis vor wenigen Jahrzehnten wurden die Tiere zu Fuß vom Tal auf die Alm getrieben. Heute findet der Transport der Tiere oft mit dem Traktor und dem Viehanhänger statt.

ALMAUSWEIS
Die offizielle »Fahrgenehmigung« berechtigt den Talbauern und die Sennerin, mit dem Auto, idealerweise mit Vierradantrieb, bis vor die Hüttentür zu fahren – sofern ein Weg dorthin existiert.

ALMER WEIBLICH ALMERIN
Almpersonal, auch Senner, weiblich Sennerin genannt

ALPHORN
Früher verständigten sich die Bergbauern durch Jodeln und das Spielen eines Alphorns. Die sonoren, tiefen Töne des Alphorns werden in der freien Natur sehr weit übertragen. So übermittelten die Menschen von Alm zu Alm mit Tönen und Musik Notsignale und Botschaften. Das Alphorn wird auf Seite 98 ff. vorgestellt.

AUFKRANZEN

Wenn während des Almsommers kein Tier zu Schaden kommt und es auch in der Familie des Talbauern keinen Todesfall gibt, wird beim Abtrieb aufgekranzt. Die Kühe bekommen einen prächtigen Kopfschmuck, die Jungrinder eine bescheidenere Version, beispielsweise aus Latschen, Almrausch, Silberdisteln und Seidenblumen. Die Sennerinnen basteln den Schmuck in ihren letzten Almmonaten eigenhändig, so die Tradition. Jede Region hat unterschiedlichen, ganz charakteristischen Kranzschmuck.

BESTOSSEN

Eine Alm, auf der im Sommer Tiere grasen, wird im Fachjargon bestoßen oder befahren. Damit ist »bewirtschaftet« gemeint – und zwar die Fläche, nicht notwendigerweise die Hütte.

BRENNRECHT

Gibt es zwar nicht auf der Alm, dafür aber mitunter im dazugehörigen Talbetrieb bzw. in Brennhütten, die in Almgebieten stehen. Das Brennrecht bezeichnet die oft jahrhundertealten Rechte zur Herstellung von Branntwein. Das Ende des deutschen Branntweinmonopols zum Dezember 2017 bedrohte die Schnapsbrennerei vieler Bergbauern. Doch Auswirkungen auf die traditionelle Herstellung im Nebenerwerb sind bisher ausgeblieben. Ein großer Teil der alpinen Kleinbrenner produziert weiterhin wie gewohnt Obstler und Enzianschnaps für die Direktvermarktung. Das ist einer der Gründe, warum es auf Almen immer Schnaps gibt. Anderen Alkohol (außer Bier) gibt es hingegen nicht. Zum Thema »Brennen« siehe auch Seite 64 ff.

BRUNNENTROG

Trog mit frischem Quellwasser, der lebensnotwendig für Mensch und Tier ist. Hier wäscht man sich weder die Hände oder das Radl, noch kühlt man Gesicht oder die Füße, denn es darf keine Sonnencreme oder Kosmetik ins Wasser gelangen! Kühe haben feine Nasen und sind Feinschmecker. Sie trinken sonst nicht mehr aus dem verunreinigten Trog.

BUTTERFASS

Traditionell aus Holz, heute aus Edelstahl. Es wird kräftig gekurbelt, um den Rahm in Butter und Buttermilch zu trennen – laut Sennerin Martina Fischer von der Laubensteinalm: »Workout und Meditation« in einem.

CASA

Aus dem lateinischen Wort »casa« (Haus) entwickelte sich der verdeutschte Ausdruck »Kaser«. So nennt man im Berchtesgadener Land, im Ruperti- und im Chiemgau die Almhütten.

DUZEN

Ab 1000 Metern Höhe ist man per Du, ganz egal ob jung, alt, Senner, Wanderer, Schnapsbrenner, Alphornbläserin, Hubschrauberpilot, Minister oder Talbauer.

ENZIAN

Alpenblumenfamilie, aus der auch Schnaps gebrannt werden kann. Über vierzig Spezies werden damit bezeichnet. Nur von zweien eignen sich die Wurzeln für die Schnapsherstellung.

FUIKL
So heißt der Kopfschmuck für das Vieh beim Almabtrieb im Berchtesgadener Land. Fuikln erfordern von den Sennern abends aufwendige Basteleien. An getrocknete Tannenäste werden Rosen und Maschen aus hauchfeinen bunten Holzspänen angenäht. Selbst eine kleinere Fuikl benötigt zehn Arbeitsstunden.

GALTVIEH
So wird ein (noch) nicht Milch gebendes Rind bezeichnet. Zum Galtvieh zählen weibliche Rinder bis zur ersten Abkalbung (der ersten Geburt eines Kalbs) sowie Stiere und Ochsen unter zwei Jahren (Jungstiere), s. auch bei »Jungvieh«.

GANGLN
Auch Kuhgangln. Kommt von »Gang«. Die Kühe treten auf ihrer Suche nach Fressen die steilen Hänge auf der Alm treppenartig fest und verdichten die Hangstrukturen. Positiver Nebeneffekt ist der Anti-Erosions-Effekt: Dadurch wird das Abrutschen der Böden verhindert.

GLOCKEN
Die Weidetiere tragen Glocken, damit man sie finden kann – zu jeder Tageszeit und bei jedem Wetter. Besonders bei starkem Nebel wäre die Suche sonst ein hoffnungsloses Unterfangen. Die Kühe haben verschieden große Glocken mit unterschiedlichen Klängen, damit sie die Sennerin unterscheiden kann. Die ganz großen schweren Glocken werden ihnen hingegen nur als Schmuck beim Almabtrieb umgebunden.

GRANDL
Behälter am Ofenrand für mehrere Liter Wasser. So steht der Sennerin immer heißes Wasser zur Verfügung, das in ihrem Holzofen durch die vorbeiführenden Rauchabzüge auf deren Weg durch den Kamin »nebenbei« erhitzt wird.

HANDY
Funktioniert auf Almen selten oder nur an bestimmten Stellen im Almgebiet, da diese meist in Funklöchern liegen.

HAUPTALMBEGEHUNG
Die oberbayerischen Almbauern sind im Almwirtschaftlichen Verein Oberbayern (AVO) organisiert. Anfang August lädt der gemeinnützige Verein zur Hauptalmbegehung ein. Seit der Gründung 1947 gibt es diesen öffentlichen Wandertag. Oft sind über 1000 Menschen dabei, darunter viel Politik-Prominenz. Anstatt des üblichen kleinen Ausschanks herrscht dann auf den Almen Hochbetrieb und Volksfeststimmung. Die Begehung dient den Almbauern als Plattform, um sich und ihre Arbeit vorzustellen. Jedes Jahr werden unterschiedliche Almen auf einer Rundtour von den jeweiligen Eigentümern oder Pächtern vorgestellt. Hier kommen auch Probleme der Almbauern zur Sprache, etwa Konflikte mit Mountainbikern, der niedrige Milchpreis oder die mögliche Wiederansiedlung von Bären und Wölfen.

HERRGOTTSWINKEL
Ecke in der Almstube, wo das Kruzifix hängt. Oft ist dieses mit Latschenzweigen oder Almrausch geschmückt, die vom Schwenden (Roden) kommen. Bis heute sind die oberbayerischen Almen ohne den Herrgottswinkel unvorstellbar. Ein Grund dafür ist sicher, dass sich die Almleute so weit oben dem Herrgott näher fühlen.

HUBSCHRAUBER
Almen und Hütten, zu denen keine fahrbaren Wege führen, müssen mit dem Hubschrauber versorgt werden. Von Proviant über Wassertröge bis Baumaterial wird dabei alles Mögliche durch die Luft transportiert. Hubschrauberversorgung ist zwar besser als das mühsame Hochschleppen auf zwei oder vier Beinen, eine Alternative zu einem Fahrweg wird der schwebende Transport trotz staatlicher Zuschüsse jedoch nie werden. Eine gute Notlösung ist er allemal (zum Thema siehe auch Seite 56 ff).

IDEALISMUS
Braucht, wer sich auf eine Almstelle bewirbt. Frühes Aufstehen, harte körperliche Arbeit, gigantisches Arbeitspensum, große Verantwortung, Schlafmangel, kaum Komfort. Zwar gibt es einen individuell ausgehandelten Lohn für die Arbeit, aber dieser ist nicht hoch. Dafür bereichert sich das Almpersonal anderweitig, beispielsweise mit filmreifen Sonnenuntergängen, der endlosen frischen Bergluft und damit, »dass Alltagsdruck und Stress sofort abfallen«, schwärmt Senner Matthias Engel von der Bichler Alm.

JAKOB, SANKT
Katholischer Heiliger, der am 25. Juli Namenstag hat. Wichtiger Feiertag, der auf der Alm einen Schnittpunkt markiert und feierlich begangen wird, manchmal mit einem Gottesdienst. Mit Jacobi ist die erste Hälfte des Sommers um. In der zweiten Hälfte ist immer weniger Gras vorhanden, und die Milchleistung lässt nach.

JOHANNES, SANKT
Katholischer Heiliger. Wird am 24. Juni oft mit einem großen Holzfeuer, dem Johannisfeuer, gefeiert. Es ist ein christianisiertes, ehemals heidnisches Ritual zur Tag- und Nachtgleiche.

JUNGVIEH
Zum Jungvieh zählen Kälber (Einjährige, auf Bayerisch »Kaibe« oder »Kaiwe«) und Kalbinnen (Zweijährige, auf Bayerisch »Koima«). Im Gegensatz zu früheren Jahrhunderten gibt es auf Almen nicht mehr vorwiegend Milchwirtschaft. Stattdessen wird Jungvieh auf die Almen getrieben. Weil dieses nicht gemolken werden muss, macht es weniger Arbeit für das Almpersonal. Für die Jungtiere bringen die Sommer auf der Alm eine enorme Steigerung ihrer Immunabwehr.

KÄSE
Glück hat, wer auf einer Alm Käse bekommt, der aus der Milch von den Tieren gekäst wurde, die man am Gebimmel in der Nähe hört. So viele Sorten gibt es, so viele Faktoren tragen zum Geschmack bei – aber immer schmeckt er dort oben an Ort und Stelle ganz hervorragend!

KERNSEIFE
Damit bekommt die Sennerin auf ökologische Weise fast alles sauber. Und die entstandene Lauge kann von der Natur problemlos verkraftet werden, denn es gibt ja keine Kanalisation oder Müllabfuhr auf der Alm. Gereinigt wird also noch wie zu Urgroßmutters Zeiten mit der Bürste. Sogar penibel sauber und eben vorwiegend mit der guten alten Kernseife.

KLAUBSTEINMAUERN
Jeder Stein auf der Weide kostet ein Maul voll Futter, sagt der Senner. Also wurden schon seit jeher Steine geklaubt und zu Mauern aufgeschichtet. Als Abgrenzungen und zum Windschutz waren sie äußerst sinnvoll. Heute stehen sie unter Denkmalschutz.

KRÄUTER

Nahezu 50 Prozent der Pflanzenarten auf Almen bestehen aus Kräutern, wie beispielsweise die bekannte, aber mittlerweile selten gewordene Echte Arnika. Wenn die Beweidung verschwindet, erobert sich der Wald die Freiflächen zurück, die der Mensch unter großen Mühen mit der Almwirtschaft kultiviert hat. Ein Großteil der Alpenkräuter und ebenso viele Insekten würden dann verschwinden.

LAB

Ist ein Enzym aus dem Kälbermagen, das ihnen hilft, die Milch zu verdauen. Durch tropfenweise Labzugabe wird beim Käseherstellen die Milch eingedickt. Lab gibt es in der Apotheke.

LATSCHEN

Typische oberbayerische Bergbäume: niedrig und krüppelig wachsende Latschenkiefern, die erst ab einer Höhe von 1000 Metern vorkommen. Ihre Schösslinge werden beim Schwenden mit der Sense entfernt, damit die Almweiden nicht verbuschen.

LEGSCHINDELDACH

Traditionelles oberbayerisches Almdach (oft im Berchtesgadener Land) aus kunstvoll an- und übereinandergelegten Schindeln, die mit Balken, Steinen und Latten beschwert sind.

LICHTWEIDE

Weideflächen, die dem Vieh zur Verfügung stehen und weniger als 40 Prozent von Bäumen beschattet sind (siehe auch bei »Waldweide«).

MAGERMILCH

Magermilch ist ein Nebenprodukt der Butterherstellung. Die Milch wird vom Fett getrennt (separiert). Aus dem Fett entstehen Butter und Magermilch, die auf der Alm viel fetter ist als die wässrige Magermilch aus dem Supermarkt. Aus dieser Magermilch stellt die Sennerin oder der Senner mit Hilfe von Milchsäurebakterien oder Lab Topfen (Quark), Alm- und Frischkäse her.

MARIÄ HIMMELFAHRT

Katholischer Feiertag am 15.8., auch als Frauentag bezeichnet. Er wird mit der Weihe von Kräuterbüscheln und mit Gottesdiensten gefeiert. Auf Almen ist der 15. August ein Festtag. Danach beginnt das letzte Drittel des Almsommers.

MICHAEL, HEILIGER

Hat am 29. September Namenstag. Um Michaeli herum findet der Almabtrieb statt – heutzutage meist an einem Samstag, damit auch die wochentags berufstätigen Mitglieder der Bauernfamilie mithelfen können.

MILCHKRISE

Es gibt ca. 70 000 Milchbauern in Deutschland, aber nur rund 100 Molkereien. Die wiederum stehen Handelskonzernen wie Aldi, Lidl, Rewe und Edeka gegenüber, bei denen 85 Prozent der Milchprodukte verkauft werden. Seit dem Auslaufen der Milchquote 2015, die die Milchproduktion in Europa begrenzen und Preisschwankungen verhindern sollte, fällt der Milchpreis unkontrolliert. Verbraucherzentralen raten dazu, Biomilch oder regionale Molkereiprodukte zu kaufen. Der Erzeugerpreis für die Landwirte sei deutlich stabiler. Die Milchwerke Berchtesgadener Land beziehen u. a. Milch

von Almbauern und zahlen den Landwirten auch unter schwierigsten Marktbedingungen einen fairen Preis – den höchsten in ganz Deutschland! Auch den Almbauern ihre Erzeugnisse direkt abzukaufen, lohnt sich – frischer bekommt man sie nirgendwo.

NATURSCHUTZ

Almwirtschaft ist aktiver Naturschutz. Der Erhalt der bayerischen Berglandschaft ist ein großer Verdienst der Almbauern. Werden Almen aufgegeben, sind Verkarstung, Vermurung und Erosion die Folgen. Die aufeinander eingespielte, artenreiche Flora und Fauna ginge verloren. Ganze Täler wären in wenigen Jahrzehnten unbewohnbar. In Italien ist das bereits vielerorts passiert.

OMEGA 3

Früher Vitamin F. Wissenschaftler haben einen vielfach höheren Wert der Omega 3-Fettsäuren bei Milch und Fleisch von Tieren nachgewiesen, die den Sommer über auf der Alm weiden.

PFERDE

In zahlreichen Almregionen werden Pferde zusammen mit Rindern gealpt. Sie vertragen Stängelwerk gut, das Rinder verschmähen, und dafür eiweißreiches Grünfutter schlecht, was Rinder bevorzugt abgrasen. Die Pferde beißen das Gras außerdem tiefer ab und fressen sogar Disteln. Als Weidepfleger sind sie daher eine gute Nachhut für das vollständige Abernten der Almwiesen.

PLUMPSKLO

Mit Herz-Loch gekennzeichneter frei stehender Bretterverschlag mit Sitzbrett, einem runden Loch und einer Grube darunter zum Auffangen von menschlichen Fäkalien. Auf Almen gibt es nur selten Wasser-Klosetts, das Plumpsklo ist Standard.

QUARK

Heißt auf der Alm Topfen.

RUNDUMKASER

Eine bauliche Rarität, die besonders im Berchtesgadener Land noch anzutreffen ist. Die originäre Almhüttenform besteht aus dem sogenannten Rundumstall, der den quadratischen Wirtschafts- und Wohnraum umgibt. Die Sennerin betritt durch den Stall ihre Wohnstube.

SCHNAPS

Das Stamperl Schnaps gehört zur Alm wie das Gipfelkreuz auf die Bergspitze. Mit einem Schnaps bedankt sich die Sennerin für Hilfsdienste und schenkt ihn an fröhliche Tischrunden aus. Ein Grund zum Anstoßen findet sich immer. Auf Almen, deren Talbetrieb ein eigenes Brennrecht hat oder in deren Nähe eine Brennhütte liegt, ist Schnaps etwas ganz Besonderes. In Bars würde man so einen Schnaps als »Signature Drink« kredenzen, also als ein berauschendes Getränk mit individueller Note, das perfekt dorthin passt, wo es ausgeschenkt wird.

SCHWENDEN

Altes Wort für »Roden«. Auf der Alm wachsen nicht nur feine Alpenkräuter, sondern auch Ampfer, Bürstling, Disteln und Alpenkreuzkraut – Pflanzen, die von den Rindern verschmäht werden oder sogar giftig sind. Auch Fichten, Latschen und Almrausch säen sich über die Weiden ständig aus. Mit Schwenden wird die Aufgabe der Sennerin bezeichnet, diese unerwünschten Pflanzen regelmäßig mit der Hand auszureißen oder mit der Sense zu mähen.

SENNER, WEIBLICH SENNERIN
Almpersonal, auch Almer, weiblich Almerin genannt

SENSE
Wichtiges Handwerkzeug zum Mähen und Schwenden auf der Alm

SILBERDISTEL
Auch Eberwurz oder Wetterdistel genannt. Eine der wenigen Pflanzen, die im Herbst noch blühen, wenn der Almabtrieb stattfindet. Dann soll die stachelige Blüte als Aufkranzschmuck dem Vieh übernatürliche Kräfte verleihen und Böses abwenden.

SÖMMERN
Das Vieh sömmern bedeutet, dass die Tiere eines Bauernhofs die Sommermonate auf einer Alm verbringen. Die Länge der Almsaison hängt von der Witterung und der Vegetation ab. Die Kernzeit des Sömmerns ist von Anfang Juni bis Ende September.

SONNWENDFEUER
Drei Tage um den 21. Juni herum geht die Sonnenscheibe an fast denselben Stellen des Horizonts auf und unter. Mit dem Sonnwendfeuer markierten viele Bergvölker seit jeher den Wendepunkt von der Blütenpracht des Frühlings hin zur Reife des Sommers.

STOANAKLAUM
Früher rückten die Almer regelmäßig aus, um Steine zu klauben: Die Almwiesen wurden gemeinschaftlich von herumliegenden Steinen befreit. Damit konnten Hütten gebaut oder befestigt werden. Oder man befestigte Almwege und baute Trennungsmauern, sogenannte Klaubsteinmauern, die heute unter Denkmalschutz stehen. Steineklauben gehört noch heute zu den Arbeiten der Senner.

STOCK
Almstock mit Eisenspitze. Ohne ihn geht die Sennerin nicht zu den Tieren oder zum Schwenden. Meist ein Haselnusstrieb, der wenig verzweigt ist. Mit diesem Werkzeug, wie ein verlängerter Arm, ist das Almpersonal schon von weitem als solches zu erkennen. Beim Almabtrieb wird der Stock mit einem Sträußchen Almrausch geschmückt. Für jeden Almsommer ritzt man eine Kerbe in den Stock.

TOURISMUS
Almen sind für den alpinen Tourismus von großer Bedeutung. Reisende Dichter und Maler schwärmten schon zu Beginn des 19. Jahrhunderts von der erhabenen Bergwelt und von der Landschaft, die seit Jahrhunderten von den Almbauern kultiviert wurde. Die Verbundenheit der Menschen mit der Natur wurde euphorisch beschrieben oder in harmonischen Farben gemalt und weckte bereits damals das Interesse an einer Gegenwelt zur überfüllten Stadt. Almen wurden zu Sehnsuchtsorten. Der alpine Tourismus nahm seinen Anfang.

UNWETTER
Durchziehende Gewitter mit enormen Windgeschwindigkeiten, Hagel- und Regenschauern heulen oft mit aller Macht um die Almhütte. Auch wenn es im Tal nicht danach aussieht, bedrohen Unwetter die Senner während des gesamten Almsommers. Für Almerinnen vergangener Zeiten waren Wetterhexen für die Unwetter verantwortlich. Sie holten dann als »Gegengift« die schwarzen Wetterkerzen hervor und beteten am Herrgottswinkel dafür, dass Haus, Mensch und Vieh verschont blieben. Diese Wetterkerzen werden noch heute bei Unwettern angezündet.

VOUHAAGL

Der eingezäunte Platz vor der Almhütte, wo gearbeitet, gegessen und getrunken wird. Laut Sennerin Anita Schiessl von der Saletalm der schönste Platz ihres Sommerreichs, eine erhabene Terrasse mit dem weiten Blick in die Bergwelt.

WALDWEIDE

In der Almwirtschaft war das Weiden in Wäldern verbreitet. Über viele Jahrtausende wurden Nutztiere zur Nahrungsaufnahme in den Wald getrieben. Dort fanden sie genügend Fressen und Schutz vor Regen und Sonne. Das Weiden im Wald war zudem die einzige Möglichkeit, die Tiere zu mästen, ohne dass sie in Futterkonkurrenz zum Menschen standen. Heute ist die Waldweide ein Auslaufmodell. Die Lichtweide und die sogenannte Trennung von Wald und Weide durch dichte Zäune ist politisch gewünscht und wird staatlich gefördert.

WOLF

Für die Almbauern eine ernstzunehmende Gefahr. Für sie ist ein Nebeneinander von Wolf und Almvieh undenkbar, weshalb sie auch gegen die Wiederansiedlung von Wölfen sind. 2017 wurde im Bayerischen Wald das erste Wolfsrudel seit 150 Jahren nachgewiesen. Seither befürchten die Almbauern, dass der Beutegreifer auch in den oberbayerischen Alpen wieder heimisch wird. Jagende Wölfe lösen Panik unter dem Almvieh aus, das entweder gerissen wird oder tödlich abstürzen kann. In etlichen alpenländischen Gegenden gaben Almbauern bereits wegen Wolfsschäden auf, etwa in den Pyrenäen oder in Südtirol.

XANTHOHUMOL

Ein krebshemmender Inhaltsstoff des Hopfens und damit ein sehr gesunder Bestandteil jedes auf der Alm getrunkenen Biers (natürlich auch jedes anderweitig getrunkenen Biers!)

YOLDUDELLADIO HULJO-I-RIO-I-RIO-I-RIO

Jodelrefrain. Jodeln ist die text- und wortlose Vokaltechnik mit schnellem Übergang zwischen Brust- und Falsettstimme, mit der früher von Alm zu Alm Botschaften übermittelt wurden. Der oben angegebene Buchstabenwurm ist ein Übungsteil von Jodellehrer Josef Ecker, der Seminare in Almgebieten veranstaltet (zum Thema siehe auch Seite 162 ff).

ZAUN

Das Zäunen ist eine wichtige Aufgabe in der Almwirtschaft. Gezäunt wird vor dem Almauftrieb im Frühling und später, wenn die Tiere vom Niederleger zum Hochleger geleitet werden. Die teilweise kilometerlangen Zäune grenzen die Weiden ein und verhindern, dass das Vieh an steilen Stellen abstürzt. Sie schützen auch die Wälder, damit die Tiere sich nicht dort mit Nahrung versorgen. Senner müssen die Zäune regelmäßig kontrollieren, denn starke Winde oder Wildtiere drücken sie manchmal nieder.

ZENTRIFUGE

Auf jeder Alm mit Milchwirtschaft gibt es sie: Sie trennt den Rahm (Sahne) von der restlichen Milch (Magermilch), damit aus dem Rahm Butter und Buttermilch gemacht werden kann und aus der restlichen Milch der Almkäse. Manchmal ist die Zentrifuge noch handbetrieben, was ordentlich Armmuskeln generiert.

ALPHORNBLÄSERINNEN

DAS HANDY DER ALMEN

Die meisten Almen liegen in Funklöchern. Falls nicht, gibt es oft nur eine einzige Stelle, wo das Handy – manchmal – Empfang hat. Dabei sind die Senner darauf angewiesen, regelmäßig Rücksprache mit dem Talbauern zu halten: wenn ein Tier krank wird oder eine Kuh rindert und folglich ein Stier oder der Besamungstechniker auf der Alm gebraucht wird.

Früher war die Verständigung von Alm zu Alm oder hinunter ins Tal kein Problem, wenn die Botschaft mit einem Alphorn übertragen wurde, wie es viele Bergvölker seit Jahrhunderten praktizierten. Wenn der Hirte seine sonoren Töne blies, tönte seine Meldung, ob Liebeslied oder Notsignal, meilenweit und erreichte Berg- und Talbewohner gleichermaßen zuverlässig.

NICHT ALLTÄGLICHER HINGUCKER

Heute erfreut sich das ansehnliche Instrument wieder großer Beliebtheit. Das ist auch Elisabeth Heilmann-Reimche aus Garmisch-Partenkirchen zu verdanken: Sie gründete vor über zwanzig Jahren die Werdenfelser Alphornbläserinnen. Jetzt reist sie mit ihren Elevinnen, sechs Frauen, die bei ihr das Alphorn spielen und lieben gelernt haben, nach Elmau. Die fast einhundert Jahre alte Elmauer Alm ist ein beliebtes Ausflugsziel zwischen Garmisch-Partenkirchen und Mittenwald. Gipfel wie die Soiernspitze, die Wettersteinspitze und die Brunnsteinspitze ragen hier stolz in den Himmel. Die Postkarten-Fernsicht ist eine der am meisten fotografierten Szenerien in den Bayerischen Alpen.

Doch alle Ausflügler wenden sich vom majestätischen Alpenpanorama ab, wenn Elisabeth Heilmann-Reimche mit ihren Spielerinnen auftaucht. Die fast vier Meter langen Alphörner geschultert, sind die Damen ein nicht alltäglicher Hingucker. In fröhlich bunter Tracht gekleidet, mit ihren wippenden weißen Gockelfedern auf dem Hut machen sie dem Wettersteingebirge Konkurrenz. Die Foto-Handys der Wanderer richten sich augenblicklich auf die Musikerinnen.

Auf der Elmauer Alm tritt die Frauen-Combo anlässlich eines Geburtstags auf. Einer von drei Terminen des heutigen Tages. Ein Anfängerkurs an einem Bergsee steht danach auf dem Programm, später wird ein Fernsehteam dazukommen. Nun jedoch erst einmal das Geburtstagsständchen. Die klangvollen Melodien übertragen sich kilometerweit. So freuen sich nicht nur die Geburtstagsgäste auf der Alm und die Wanderer über ein Gratis-Konzert, auch Ausflügler im Tal erleben die Alphörner in ihrem natürlichen Habitat.

Die Geschichte des Alphorns geht bis in die Steinzeit zurück, wo hohle Knochen als Blasinstrumente dienten. Überall, wo Hirten und Berge waren, gab es auch die tönenden Hörner. Sie dienten der Kommunikation, ähnlich dem Jodeln. Diese uralten Informationssysteme funktionierten hervorragend – besser als so manches Mobiltelefon heute, weiß Sennerin Martina Fischer von der Laubensteinalm, die neben Flügelhorn auch das Alphorn spielt. »Obwohl nicht ausschließlich derjenige die Nachricht erhielt, für den sie bestimmt war«, schmunzelt sie. Stattdessen erreichte man ebenso sämtliche Nachbarn als Mitwisser und -hörer. Was bei einem Notfall am Berg ein Glück darstellte, denn jede helfende Hand wurde da gebraucht. Wer Alphorn spielen konnte, genoss hohes Ansehen.

» Atmung ist das A und O beim Alphornspielen – dabei aber bitte nicht die Backen aufblasen. «

Die Gäste, die Elisabeth Heilmann-Reimche bei ihrem nächsten Termin begrüßt, sind ebenso verrückt nach dem klingenden Rohr: fünf Jäger aus Rheinland-Pfalz, die ein Wochenend-Seminar am pittoresken Pflegersee gebucht haben und den Beginn ihrer ersten Lektion kaum erwarten können. Als Elisabeth Heilmann-Reimche in das Horn stößt, klingt es nach Alpenglühen, Bergsehnsucht und Gipfelkreuz. Als sie dem Trierer Quintett jedoch beschreibt, wie sich diese majestätischen Laute erzeugen lassen, hört es sich wenig erhaben an: »Ned spucken, Hirn ausschalten und sanft mit den Lippen pupsen.« Grinsen sollen sie auch, wenn sie ins Horn stoßen, die Mundwinkel anspannen, die Lippen jedoch locker lassen.

Die ersten Versuche hören sich nach röchelnden Elefantenbabys an. Doch die Lehrerin weiß ihre Adepten zu motivieren: Dank ihrer einleuchtenden Beschreibung kommen die Töne allmählich nicht mehr nur aufs Geratewohl aus dem Horn – nach und nach klingt es kontrollierter und harmonischer. Elisabeth Heilmann-Reimche hat sofort den begabtesten Zögling ausgemacht. Ihm trägt sie auf, die erste Stimme zu lernen, damit die Runde daheim in Trier auch ohne ihre Anleitung weiterüben kann.

Drei Tonlagen beherrscht der Musterschüler bereits. Die Lehrerin bemüht anschauliche Vergleiche, um auch seine Kameraden zu ähnlichen Höhenflügen anzustacheln, damit sie die zweite und die dritte Stimme als Begleitung lernen. Ihre Vergleiche kommen aus dem Insektenreich: wie die Hummel (für die tiefen Töne), wie die Biene (etwas höhere Tonlage) und wie eine Mücke (für die hohen Töne). Und siehe da: Die Erfolge stellen sich ein. Die Lehrerin nickt zufrieden.

KLANGVOLLE ANZIEHUNGSKRAFT

Bereits ein Tages-Seminar bei Elisabeth genügt, um eine einfache Alphorn-Begleitung für die erste Stimme zu lernen – und eine Ahnung davon zu bekommen, wie die vibrierenden Töne auf Mensch und Umwelt wirken. Ob es, wie bei Elisabeth, musikalische Liebe auf den ersten Ton ist, entscheidet sich meist sehr schnell. Fest steht: Kaum ein Lebewesen kann sich der klangvollen Anziehungskraft entziehen.

Sogar die Fische im Pflegersee kommen herangeschwommen, wenn das Alphorn erklingt. Badegäste und Wanderer staunen gleichermaßen. Eine festliche Stimmung legt sich über das Ufer, sobald die Bläserinnen ihre Lippen an das Mundstück setzen und ihre Melodien über die Berge schmettern. Obwohl sich die Damen eigentlich erst einstimmen und genau genommen noch üben. Die Jäger, der Kioskbesitzer, die Badegäste – alle spitzen die Ohren. Selbst Fische und Kühe scheinen zu lauschen. Das Spiel des Alphorns beruhigt wie eine Meditation.

Durch die Nachwuchsarbeit begeistern sich immer wieder junge Musikerinnen für das Alphorn.

» Über Berggipfel und Täler hinweg waren Alphörner einst quasi das Handy der Hirten und Senner. «

Die Liebe zu Blasinstrumenten wurde Elisabeth Heilmann-Reimche in die Wiege gelegt. Aufgewachsen ist sie in Garmisch-Partenkirchen in einer hochmusikalischen Familie. Ihr Vater war Musikdirektor und leitete zwei Orchester. Sie selbst studierte, wie ihr Bruder, Trompete an der Hochschule für Musik in München. Anschließend bekam sie eine Stelle als zweite Trompeterin bei der Südwestdeutschen Philharmonie Konstanz. Nach einem Jahr heiratete sie und verließ das Orchester, um ihre Kinder großzuziehen.

Seminare

Selbst wer noch keine Vorkenntnisse hat, wird am Ende eines zweitägigen Kurses mit dem Alphorn Töne erzeugen können, die bis zu 15 km weit zu hören sind.

Nach Abschluss des Kurses erhält jeder Teilnehmer ein Zertifikat und die »Heilmann Alphornschule«, die weitere Tipps, Informationen und Notenmaterial umfasst. (www.alphorn-zugspitze.de).

GRANDE DAME DES ALPHORNS

Die Trompete hat sie bald gegen das Alphorn getauscht. Das Spielen brachte sie sich selbst bei. Weil schon bei den ersten Auftritten immer wieder Neugierige aus dem Publikum in das imposante Horn blasen wollten, fing sie mit dem Unterrichten an. Vor 22 Jahren gründete sie dann die Werdenfelser Alphornbläserinnen. Ihre ersten Mitstreiterinnen waren Töchter von Freundinnen. Auch heute noch unterrichtet die Grande Dame des Alphorns beinahe täglich junge Frauen und Mädchen und hofft, sie langfristig für das Spielen vor Publikum zu begeistern. Doch ewig wird sie dieses enorme Pensum nicht mehr bewältigen, in ihrem Alter, mit 70. Sie hebt bedauernd die Schultern, die noch vor einer Viertelstunde das Alphorn so leicht schulterten. All die Konzerte, Auftritte, Feiern. Sogar um die Bemalung der Dirndlschürzen und Alphörner kümmert sie sich eigenhändig. Wird leider langsam zu mühselig. Sie werde auch nicht jünger, murmelt sie, auf die Berggipfel blickend. Seufzt. Hebt die Augenbrauen. Und erzählt.

Dass die jungen Mädchen jeden Tag eine Viertelstunde zum Unterricht kommen. Immer gratis. Auch das Alphorn wird gestellt. Sogar die fesche Tracht für die Auftritte spendiert Elisabeth Heilmann-Reimche, bestrebt, dieses wundervolle Instrument und seinen Klang in die Welt zu tragen. Über die Werdenfelser Alphornbläserinnen gab es schon Berichte im Stern, in der Süddeutschen Zeitung, in etlichen Land- und Reisemagazinen. Sie waren zu Gast in verschiedenen Volksmusiksendungen und bei Stefan Raab. Elisabeth Heilmann-Reimche streicht mit der Hand über eines ihrer zehn Alphörner und seufzt glücklich: »Das Alphorn ist mein Leben!«

Schön, dass die Bergsaison und das Draußenaufspielen jetzt wieder begonnen haben. Denn darin stimmen Elisabeth und ihre bayerische Girl-Group überein: »Höchste Zeit, dass alle wieder auf die Almen kommen!« Ob am Ufer des Pflegersees oder auf der Elmauer Alm: Mit dem Klang der Alphörner ist jeder Fleck in der Natur magisch. Ein Lächeln zaubert viele kleine Fältchen um ihre wachen, blauen Augen – dass Frau Heilmann-Reimche wirklich einmal aufhört, ihr Alphorn zu spielen, ist schwer vorstellbar.

Wenn der Bass fehlt, springen manchmal männliche Musiker ein. Abgesehen von diesen Ausnahmen, besteht die Frauen-Combo aus 14 bis 20 wechselnden Musikerinnen.

WETTERSTEINALM

» König Ludwig II. muss die einzigartige Fleischqualität der Murnau-Werdenfelser schon seinerzeit gekostet haben. «

AUF DEN SPUREN EINES MÄRCHENKÖNIGS

Nur ein Bruchteil des Touristenstroms entdeckt diesen Sehnsuchtsort König Ludwigs II – aber alle, die das Schachenschloss besuchen, kommen an einer einzigartigen Raststation vorbei: der Wettersteinalm. Es gibt sie seit vielen Jahrhunderten, und sie hat viermal so viele Jahre auf dem Buckel wie der royale Prunkbau weiter oben.

Die Wettersteinalm liegt auf dem Weg zum Königshaus auf dem Schachen, das König Ludwig II. erbauen ließ. Hier erleben die einst vom Aussterben bedrohten Murnau-Werdenfelser Rinder ihre Sommerfrische. Zu Zeiten des Königs waren sie weit verbreitet.

Der »Königsweg« zur Wettersteinalm führt am Elmauer Bach entlang. Der gurgelt und stürzt so beharrlich bergab, wie die Wanderer bergauf müssen. Aber dann, nach zwei Stunden Beinarbeit, liegt die Alm in der Morgensonne wie in einem grünen Meer: Wälder, Weiden und Wiesen, deren Wellen sich erst an der Wettersteinwand brechen. Auf den Blütenkelchen glitzert der Tau – der Sommer auf 1464 Metern Höhe kann kühl sein.

Die Wettersteinalm ist eine Genossenschaftsalm der Bauern aus Partenkirchen, der Zwillingsgemeinde von Garmisch. Das ist im Werdenfelser Land weit verbreitet: Landwirte bewirtschaften große Almflächen gemeinsam. Gemeinsam stellten die Partenkirchner Bauern vor fünf Jahren auch ein Hirten-Ehepaar ein: Annemarie und Hannes Grasegger, ebenfalls aus dem Ort. Die Graseggers kommen aus der Landwirtschaft und wohnen von Ende Juni bis zum ersten Sonntag im September auf der Wettersteinalm. Unter ihrer Aufsicht verbringen etwa 120 Kälber, Jungrinder und Kühe ihre Sommerfrische. Aber nur solche, die »trocken stehen«, die also wegen ihrer Trächtigkeit nicht gemolken werden.

Auch die beiden Kinder der Graseggers lieben die Alm. Der 18-jährige Alois und die 23-jährige Sophie helfen, wann immer es ihre Zeit erlaubt, und kommen dafür von Partenkirchen auf die Alm. Ansonsten sieht die Arbeitsteilung so aus: Vater Hannes versorgt die Tiere, Mutter Annemarie die Gäste. Annemarie zwirbelt ihre blonden Haare hinter die Ohren. Sie lächelt oft und herzlich, aber ihre

PRACHTBLICK AUFS WETTERSTEINGEBIRGE

Ausgangspunkt: Großer Wanderparkplatz hinter dem Hotel Schloss Elmau (kostenlos)
Anfahrt: A 95 Richtung Garmisch bis zum Ende, weiter auf der Landstraße über Garmisch-Partenkirchen nach Klais und von dort auf der Mautsraße rechts hinauf nach Elmau. Bahn nach Mittenwald oder Klais.
Tourencharakter: Leichte, aber lange Wanderung auf Forstwegen in einer herrlichen Bergwelt von Elmau über Wettersteinalm und Schachentor hinauf und über den Königsweg wieder hinunter
Gehzeiten: Anstieg ca. 3.30 Stunden, Abstieg: 2.30 Stunden
Tourdaten: Von Ellmau (Parkplatz): 464 Höhenmeter, 5,6 Kilometer

Wetterstein
Alm
1464 m

Die Wettersteinalm ist die einzige Almhütte Oberbayerns, wo der Hauptraum mit einem offenen Feuer beheizt wird.
Linke Seite unten: Auch zwei Schweine hält Familie Grasegger, die sich hier oben genauso wohl fühlen wie die Wirtsleute.

kräftigen Arme zeigen auch, dass sie zupacken kann. Früher war sie Leistungssportlerin im alpinen Skilauf. Heute hilft ihre Fitness dabei, die beiden Almschweine umzuquartieren, den Hühnerstall auszumisten oder schwere Töpfe in den Vorratskeller zu schleppen.

Annemarie und Hannes Grasegger teilen ihren Sommersitz mit zehn Dutzend Rindern, darunter etliche Murnau-Werdenfelser. Hannes erklärt die Kennzeichen: Den Rücken der Kühe ziert ein heller Strich, das dunkle Schokoladenmaul und die ebenfalls dunklen Augen sind hell umsäumt. Dabei war die berggängige Rasse Mitte des 19. Jahrhunderts in Vergessenheit geraten und bis zur Jahrtausendwende gar vom Aussterben bedroht. Heute trotten und grasen die massiven Tiere wieder um die Wettersteinalm. Und Hannes freut sich täglich an ihnen: »Die Murnau-Werdenfelser sind unerschütterliche Schönheiten.«

Mitten in der Heimat dieser Rinderart zu leben und zu arbeiten, ist geradezu Verpflichtung. Die raue Bergwelt und die blühenden Almwiesen sind wie geschaffen für die Tiere. Denn um die Wettersteinalm liegen feuchte, steile Weidegründe, für die die Murnau-Werdenfelser mit ihren harten Klauen bestens gerüstet sind. Dass sie heute nicht mehr vom Aussterben bedroht sind, verdanken sie dem Engagement von Slow Food-Gastronomen, Züchtern, Landwirten, Almbauern – und Hirten wie Annemarie und Hannes Grasegger.

EXTRA FÜR IHRO MAJESTÄT

Die Wettersteinalm ist auch sonst ein geschichtsträchtiger Ort. Urkundlich erwähnt wurde sie bereits 1396. Da war sie schon eine Sennhütte. Später wurde König Ludwig II. bis hierher kutschiert, »und dann mit einer Sänfte hochgetragen«, erzählt Annemarie. Hoch zu seinem Schloss auf dem Schachen. »Den Weg auf den Gipfel hat man extra für Majestät angelegt«, sagt die Almbäuerin und lacht. Zehn Kilometer, 940 Höhenmeter, dreieinhalb Stunden Gehzeit. Nicht nur der König erfrischte sich damals auf der Wettersteinalm, auch heute noch lassen sich Prominente und Lokalmatadore hier blicken – wie Skistar Rosi Mittermaier, die hier gern rastet, wenn sie wandert oder mit Nordic-Walking-Stöcken unterwegs ist.

Wer zum Königsschloss auf dem Gipfel des Schachen wandert, erlebt eine Überraschung. Nirgendwo sonst in den bayerischen Bergen findet sich eine noblere Unterkunft. Im ersten Stock ist sogar alles im orientalisch-maurischen Stil gehalten.

Die Innenwände der Alm sind grob verputzt, die Mauern dick, das Feuer brennt ständig. Denn hier oben kann es empfindlich kalt werden. Eine Balken-Inschrift stammt vom Anfang des 17. Jahrhunderts. Alte Pfeifen und Schnupftabakdosen hängen an einer Wand, Schnitzereien verzieren die Trägerpfosten, die das Mauerwerk stützen. Auch sie sind mehrere Hundert Jahre alt.

In der Küche klappert Annemarie mit den Töpfen. Ein verheißungsvoller Klang, denn Annemarie ist gelernte Hauswirtschafterin und leidenschaftliche Köchin. Und obwohl die Stube mit Feuerstelle und rußgeschwärzter Decke biblisch alt scheint, ist die Küche der modernen Zeit angepasst. Annemarie hat sogar ihren Thermomix mit heraufgebracht und bereitet mit ihm flink Kuchen und Suppen zu. Trotzdem bleibt sie immer entspannt. Hier oben in ihrem eigenen Rhythmus zu leben und zu arbeiten, empfindet sie als Glück.

Die Murnau-Werdenfelser

König Ludwig II. muss die einzigartige Fleischqualität der Murnau-Werdenfelser schon seinerzeit gekostet haben, glaubt Annemarie. Denn bis zu Beginn des 20. Jahrhunderts war das robuste Rind geschätzt und weit verbreitet – gerade in unwirtlichem Gelände. Wie jeder Almhirte schaut Hannes täglich nach seinen Kälbern und Jungtieren. Das Weidegebiet ist groß und steil, die Tiere wandern sogar bis hinauf zum Schachen. Deshalb fährt Hannes oft ein Stück mit dem Motorrad, um die entlegenen Stellen schneller zu erreichen.

Manchmal, wenn es regnet und sie keine Besucher erwartet, verlässt Annemarie die Alm und besucht Ludwigs Schloss auf dem Schachengipfel. Es liegt anderthalb Stunden Fußmarsch von der

Annemarie Grasegger bereitet ihren Gästen rustikale Speisen zu. Sehr beliebt ist ihr Kaiserschmarrn. Die glücklichen Hühner, die die Eier dazu liefern, laufen auf dem Almgelände frei umher.

Wettersteinalm entfernt. Dort, im Türkischen Saal, feierte der König sechsmal seinen Geburts- und Namenstag. Annemarie staunt dann über die kostbaren Orientteppiche, den maurischen Springbrunnen, die Pfauenfedern und Kandelaber. Durch große farbige Bleiglasfenster fällt ein fast unwirkliches Licht. In diesen Momenten kommt sich Annemarie vor wie in einem Märchen aus 1001 Nacht.

STILLES GLÜCK MIT ZIRBENSCHNAPSERL

Nach ihrer Rückkehr sitzen in der Wettersteinalm doch ein paar Stammgäste, Musiker-Kollegen ihres Mannes, die sich vom Regen nicht haben abhalten lassen. Die Wirtin serviert Zirbenschnaps, selbst angesetzt, wohlriechend. »Ein ganz leichter«, sagt sie fast entschuldigend, denn sie weiß, dass auf die Besucher noch der Rückweg ins Tal wartet. Dann lohnt es sich, Annemarie zuzuhören, wenn sie sinniert, was Glück ist. Still und einfach ist es, kein Reichtum und kein Prunk der Welt kann es erzwingen. »Ja«, sagt Annemarie, »es liegt an der Landschaft hier oben. Sie gibt einem Halt, sie gibt Ruhe.« Auf der Alm hat sie weder Internet noch Fernsehen. Sie erlebt auch, dass sich die Ruhe auf die Gäste überträgt. Sie sogar noch begleitet, wenn sie sich von der Alm verabschieden.

Die Abenddämmerung schlüpft durch die Äste. Hinunter geht es wieder über den Königsweg, der Wind rauscht in den Fichten und mischt sich mit dem Läuten der Kuhglocken. Der Elmauer Bach rauscht schnell und breit und wild. Dem Wasser entlang: Das ist ein sicherer akustischer Wegweiser – selbst wenn es bei Annemarie ein Zirben-Schnapserl mehr gab.

KESSELALM

» Die Forststraße zur Kesselalm ist im Winter eine Naturrodelbahn, die den Schlittenfahrern Adrenalin ins Blut und Tränen in die Augen treibt.«

PARADIES IN WEISS

Wenn die Berggipfel weiße Hauben tragen, ist es wieder so weit: Mit dem Winter regiert die elementarste Jahreszeit in den oberbayerischen Alpen. Der Schnee lässt das Land glitzern und frieren, in den Rauhnächten ziehen schaurig maskierte Perchten durch die Täler. Die Almen in den Bergen sind einsam und still. Alle Almen? Nein: Die Kesselalm öffnet auch im Winter ihre Türen.

Manchmal muss man sich im Winter regelrecht hochkämpfen. Dafür erlebt man hinterher eine atemberaubende Schlittenfahrt. Vorher gibt es aber noch viele Leckereien in der holzgeheizten Almhütte.

Die Rinder sind zwar seit Ende September im Tal, dafür kommen jetzt Schlittenfahrer und Schneeschuhwanderer. Der pulvrige Neuschnee ebnet alle Mulden, Kuppen und Rinnen ein. Schneemassen türmen sich zu kalten Wänden. Alle Spuren vom Sommer sind verschwunden, kaum etwas erinnert an das muntere Almleben der warmen Jahreszeit. Nur die Schornsteine der Kesselalm lugen unter der Schneeschicht hervor.

Ein Wanderer mit ungewöhnlich großem Rucksack stapft frühmorgens durch das Gelände. Unter seinen Stiefeln knarzt es, die Forststraße lässt sich vor lauter Schnee kaum ausmachen. Der kräftige Mann wird sich trotzdem nicht verlaufen, er kennt alle Kurven und Anstiege genau. »Ich bin seit 39 Jahren Gastronom. Aber die Kesselalm ist etwas ganz Besonderes«, sagt Alfons Köck schnaufend. Seit zwei Jahren ist er ihr Wirt. Ein Traum, so kurz vor seinem

WINTERFREUDEN MIT ADRENALIN-GARANTIE

Ausgangspunkt: Parkplatz bei Birkenstein
Anfahrt: A 8 bis Ausfahrt Irschenberg, dann B 472 über Hundham bis Fischbachau, dort links nach Birkenstein; am Ende der Straße befindet sich auf der rechten Seite ein großer Parkplatz. Oder per Bahn (BOB) Richtung Bayrischzell bis Miesbach und weiter mit Bus 9552 zur Haltestelle »Birkenstein, Fischbachau« direkt am Ausgangspunkt
Tourencharakter: Leichte, kurze Wanderung auf guten Wegen
Gehzeiten: Aufstieg: 1 Stunde, Abstieg: 30 Minuten
Tourdaten: 435 Höhenmeter, vom Pilgerparkplatz Birkenau: 2,5 Kilometer

Ruhestand. Unten im Tal war er über 35 Jahre lang Wirt der Wolfseehalle und Pächter des Bistros im Fischbachauer Freibad. Davor 15 Jahre lang Beamter bei der Post, aber das Beamtentum, das war nichts für den lebenslustigen Bayern.

ALMLEBEN ALS HERAUSFORDERUNG

Die Kesselalm liegt auf dem Weg zu den Gipfeln von Wendelstein und Breitenstein. Strom, Wasser, Lebensmittel – im Winter ist das alles hier auf 1285 Metern Höhe eine Herausforderung. Auf dem Weg nach oben herrschen Minusgrade, doch auf Köcks Stirn glänzen Schweißtropfen. Er zurrt den Rucksack strammer. Nicht einmal

Winterwonderland! Die Kesselalm ist ein Paradies für Schlittenfahrer. Gut, dass sich alle vor der Talfahrt aufwärmen und stärken können.

ein Jeep mit Schneeketten schafft den Weg nach oben. Anderthalb Stunden dauert es von Fischbachau aus, bis Köck endlich durch die Tür ins Warme kann. Sofort beschlägt seine Brille. Er reibt sich die Hände und pustet auf seine klammen Finger. Immerhin hat einer seiner beiden Helfer, der gebürtige Berliner Klaus, der hier oben auch die Nacht verbringt, schon den Holzofen angeheizt. Der Kamin faucht, die Flammen lodern. Klaus hat ein Dutzend Zwiebeln gedünstet, ihr Geruch hängt im rustikalen Gastraum mit den rau verputzen Wänden. Alfons Köck wischt sich über das runde Gesicht und setzt den Rucksack polternd ab. Den Inhalt gibt er Klaus, lang erwarteter Nachschub für die Küche: Lauch, Karotten und Sellerie für die Suppe. Semmeln für die Knödel. Orangen für den Punsch.

OHNE TRÄNEN KEIN VERGNÜGEN?

Die Forststraße, die sich der Wirt hochgekämpft hat, ist im Winter die Attraktion der Kesselalm: Sobald es geschneit hat, wird sie zu einer aufregenden Naturrodelbahn. Die Abfahrt beginnt mit scharfen Haarnadelkurven, und die Draufgänger unter den Schlittenfahrern versuchen sich gegenseitig in den brachialen Kehren zu überholen. Drei Kilometer müssen sie gekonnt lenken und bremsen. Manche landen trotzdem in den Fangnetzen oder an Polstern entlang des Wegs. Wer nicht tränenüberströmt unten ankommt, war zu langsam. Ganz Verwegene proklamieren dann: »Gleich wieder rauf zur Kesselalm!«

Dort oben fallen die Flocken so dicht wie schon lange nicht mehr. Ibrahim, ein anerkannter Flüchtling aus dem Irak und der zweite Angestellte von Alfons Köck, repariert die Schneefräse. Bei dieser »Wunderwaffe gegen Schneemassen« (Köck) wird der Schnee nicht einfach zur Seite geschoben wie mit einer Schneeschaufel, sondern über ein Schaufelrad seitlich in hohem Bogen weggeschleudert. »Ibrahim liebt das große Spielzeug«, amüsiert sich sein Chef. Vor einer Stunde hat der Iraker zehn Liter Benzin für die Fräse hochgetragen, damit er den Weg räumen kann.

Obwohl es noch nicht einmal Mittag ist, sind im Gastraum fast alle Plätze besetzt. Skihosen rascheln, der Geruch von Bratwurst und Linsensuppe hängt in der Luft. Flink serviert Alfons

Von der Kesselalm führen Touren auf Breitenstein, Wendelstein und Schweinsberg. Was es auf der Kesselalm gibt, schreibt der Wirt an die Tafel. Gekocht wird jeden Tag frisch. Die meisten Gäste kommen im Winter mit dem Schlitten von Fischbachau herauf.

Köck Brotzeiten und warme Gerichte. Vor dem Ritt auf den Kufen stärken sich die meisten Rodler mit den Spezialitäten des Hauses. »Die Kaspressknödel in der vegetarischen Suppe sind der Spitzenreiter«, erklärt der Hüttenwirt. Außerdem steht im Gastraum eine richtige Theke mit Zapfhahn und Bierfässern. Im Sommer beliefert eine Brauerei die Kesselalm mit Getränken; im Oktober wird der Vorrat für den Winter mit einem Unimog heraufgeschafft und eingelagert.

DIE MAGIE EINER WINTERNACHT

Die Berge verschlucken das Tageslicht schon um drei Uhr und werfen lange, kalte Schatten über die Rodelbahn. Die ersten Übernachtungsgäste suchen nach der gut versteckten Eingangstür, lassen den Blick über die Aussicht schweifen und schicken Atemwolken ins Tal. Sie werden erst am nächsten Morgen wieder unten sein, denn Köck hat ein Schlaflager mit 20 Plätzen eingerichtet. Das macht die Kesselalm zum Kuriosum, Übernachtungen auf Almen sind sonst den Sennern vorbehalten, und das auch nur im Sommer. Bei Alfons Köck kann stattdessen jeder eine stille, fast magische Winternacht in den Bergen erleben.

Um Mitternacht rieselt wieder der Schnee. Wolken stürmen über den dunklen Himmel, nur für einen Moment taucht der Mond die Rodelbahn in milchiges Licht. Ein Fuchs schleicht um die Alm, der Wind verweht seine Spur. Dann wird es wieder finstere Nacht.

Langsam kriecht die Morgendämmerung durch die Fenster, an denen Eisblumen kleben. 30 Zentimeter Neuschnee sind gefallen. Klaus klappert bereits mit den Töpfen, als der Tag gleißend hell anbricht. Die Sonne strahlt über Miesing, Aiplspitz und Brecherspitz und lässt ihre weißen Gipfel glitzern. Unten im Tal packt Alfons Köck wieder seinen Rucksack: Nachschub für die Küche.

2 St.
Linsensuppe
Ei. Salat

STIE-ALM

» Seit wir uns höchste Almkäserei Oberbayerns nennen dürfen, kommen mehr und mehr Käseliebhaber zu uns herauf.«

Stefan Obermüller, Wirt der Stie-Alm

LAIB UND SEELE DER HÖCHSTEN ALMKÄSEREI OBERBAYERNS

Von der Stie-Alm kommt Käse, der regelmäßig Preise gewinnt und von Fachleuten hoch gelobt wird: »Perfekt ausgewogen mit erdig würzigem Aroma« und »Der eine erinnert an Buttermilch, der andere hat einen Nachgeschmack wie ein Sommertag auf der Alm.«

Von Stefan Obermüllers Stie-Alm am Brauneck, um genau zu sein. Sie ist ganzjährig geöffnet und bietet sogar Übernachtungen. Stefan ist hier aufgewachsen und bewirtschaftet die Alm in dritter Generation. Ein Leben im Tal kann sich der kräftige Mann nicht vorstellen. Unten in Lenggries, dem nächstgelegenen Ort, hat er kaum Zeit verbracht. Sogar gezeugt worden sei er hier oben, berichtet Stefan verschmitzt. Seine roten Wangen leuchten.

Paradiesische Sommerfrische für 14 Milchkühe. Aus ihrer Milch stellt Stefan Obermüller Bergkäse her, der regelmäßig Preise gewinnt.

Die Milch von 14 Kühen verarbeitet Stefan zu Bergkäse, der ihm viel Fingerspitzengefühl abverlangt. Aber heute läuft alles gut. Zum Glück, der Tag wird lang werden: Für den Nachmittag hat sich ein Fototeam angekündigt. Seit sie sich hier oben »Höchste Almkäserei Oberbayerns« nennen dürfen, ist das Medieninteresse gestiegen. Fast jede Woche kommen außerdem stundenweise Schulklassen zu Besuch. Die betreut Stefans Frau Vroni. Von ihr lernen die Kinder, Alm-Lebensmittel selbst herzustellen, wie Brot oder Frischkäse.

PARADIES FÜR MILCHKÜHE UND KÄSELIEBHABER

Ausgangspunkt: Talstation der Brauneckbahn
Anfahrt: A 8 bis Ausfahrt Holzkirchen, weiter auf der B 13 über Bad Tölz nach Lenggries und dort rechts über die Isarbrücke der Beschilderung bis zum großen Parkplatz bei der Talstation der Brauneckbahn folgen. Oder per Bahn (BOB) nach Lenggries und weiter mit dem Bus zur Talstation
Tourencharakter: Der malerische Wald- bzw. Wirtschaftsweg zur Stie-Alm ist gut ausgebaut, führt aber ohne Pause steil bergauf, was Kondition verlangt.
Gehzeiten: Aufstieg von der Bergstation der Brauneckbahn: gut 30 Minuten; alternativ Aufstieg von der Talstation zu Fuß in 2.30–3 Stunden
Tourdaten: 100 Höhenmeter von der Bergstation bzw. 920 Höhenmeter und 6 Kilometer von der Talstation

DIE KÄSEKÜCHE IST SEIN HEILIGTUM

Der Frischkäse, den die Schüler machen, ist – im wahren Wortsinn – kinderleicht im Vergleich zu Stefans Alm- und Bergkäse. Die Bezeichnungen »Almkäserei« und »Almkäse« sind geschützt. So darf Käse nur genannt werden, wenn das Milchvieh auf Bergwiesen ab 1000 Metern Höhe weidet und dessen Milch an Ort und Stelle verkäst wird. In der Hauptsaison können Besucher manchmal bei der Herstellung zusehen – wenn sie Plastiküberzieher über die Straßenschuhe und Stoffhauben über ihre Haare ziehen. Auch Vronis Klasse will sich das nicht entgehen lassen. Dampf schlägt den Neugierigen entgegen. Aber bevor Stefan Obermüller die Tür zur Käseküche öffnet, hebt er seine großen Hände wie ein Polizist, der den Verkehr regelt. Er senkt die Stimme: »Nix oglanga.« Die Käseküche ist schließlich sein Heiligtum. Sofort sind die Kinder still.

Auf der Stie-Alm gibt es sommers wie winters Übernachtungsmöglichkeiten. Rechte Seite: Die höchste Käserei Oberbayerns

Unter ständigem Rühren mit einem Edelstahl-Paddel erwärmt Stefan Obermüller die Milch schonend in einem Kupferkessel gleichmäßig auf 50 °C. Stefan schwört auf seinen handgeschmiedeten Kupferkessel. Wegen der Kupferionen, die »dem Käsearoma guttun«. Im Inneren des weiß gekachelten Raums beschlagen die Fenster, dicke Tropfen Kondenswasser perlen herab. Es wird feucht und heiß wie im Dampfbad. Dann kommt der entscheidende Moment: Stefan gibt Lab und Milchsäurekulturen zu, damit sich die geronnene Milch langsam spaltet. Kleine Käsekörner, der sogenannte Käsebruch, trennen sich von der Molke.

Dafür braucht es Erfahrung: Der Zeitpunkt, wann Lab und Milchsäurekulturen ins warme Milchbad kommen, entscheidet über die Qualität des Käses. Genauso wichtig ist der richtige Einsatz der Käseharfe, mit denen Stefan die geronnene Milch zerschneidet. Wie ein Flößer, der über die Isar steuert, rudert er mit seinem mächtigen Werkzeug geschmeidig durch die glänzende Masse. »Bruchschneiden« heißt dieser Vorgang. Durch ihn vergrößert sich die Oberfläche, und die Molke kann schneller heraussickern.

VON FLÜSSIG ZU FEST

Stefan legt die Käseharfe beiseite. Die Schulkinder werden von Vroni zum Brotbacken abgeholt. In seinen weißen Gummistiefeln stapft Stefan resolut über Schläuche hinweg, die wie träge Schlangen auf dem Fliesenboden liegen. Er siebt Proben ab, reibt die Masse zwischen seinen Fingerkuppen, riecht, schmeckt, kostet und paddelt kurz darauf wieder. So vergeht der Vormittag. Stefans Laune wird jede Viertelstunde besser. Als er die verbliebene Molke abpumpt, nickt er zufrieden: Festigkeit und Konsistenz passen. Obwohl es zeitweise nach wenig Arbeit aussieht, muss Stefan permanent die Masse kontrollieren, die sich von einem Aggregatzustand in den nächsten wandelt. Von flüssig zu fest.

Es kann immer etwas schiefgehen, erklärt Stefan. Die Bakterien, die Milch in Käse verwandeln, sind schließlich so lebendig »wie du und ich«. Sie reagieren auf die Temperatur – und auf einen nahenden Wetterumschwung. Also muss ein Käser ständig alles im Auge behalten. Heute kann Stefan die Masse jetzt in Pressformen füllen. Sobald die runden Laibe stabil genug sind, kommen sie für 24 Stunden in ein Salzbad. Weitere Zusätze gibt es nicht.

Vroni

» Der Bergkäse schmeckt wie ein Sommertag auf der Alm.«

Stefan Obermüllers Tochter Marianne bekocht die Gäste mit rustikalen Almspezialitäten. Besonders beliebt: Knödelgerichte und Mehlspeisen wie Rohrnudeln.

Ist die Salzbehandlung abgeschlossen, beginnt die Arbeit im Käsekeller. Mindestens drei Monate müssen die Laibe auf Fichtenbrettern reifen, um ihren vollen, frischen und würzigen Geschmack zu erreichen. Sie werden regelmäßig gewaschen, gebürstet, gewendet, gekehrt und mit einem Hämmerchen beklopft. Naja: Eigentlich ist es ein Hammer in ganz normaler Größe – aber in Stefan Obermüllers mächtigen Händen wird alles zur Miniaturversion. Fast alles: Die Käselaibe wirken sogar in seinen Händen noch gewaltig. Stolz liegt in Stefans Stimme, wenn er sagt: »Mein Bergkäse wird erst nach neun Monaten Reifezeit aufgetischt.«

AUSGEZEICHNET BEI DER KÄSEOLYMPIADE

Nach diesen neun Monaten schmeckt der Käse herb, stark und provozierend rein – nach der alpenkräuterreichen Milch. Auch den Schulkindern schmeckt er: Sie naschen einen Würfel nach dem anderen, zufriedenes Schmatzen ist zu hören. Dabei haben sie doch selbst Frischkäse gemacht! Vroni Obermüller nimmt ihre Schützlinge mit in den Garten, wo sich jedes Kind ein Kraut zum Dekorieren für den eigenen Frischkäse aussuchen darf. Schnittlauch, Ringelblume, Petersilie, Borretsch – die Entscheidung fällt schwer. Am Ende wirkt der eine oder andere Frischkäse, als wäre er in einen Konfettitopf gefallen.

Auch Stefan Obermüller ist fertig mit dem Käsen. Weil zum Schluss alles sauber geschrubbt werden muss, lenkt er seinen Wischmopp so elegant wie ein Flößer seine Lenkstange. Danach hat Stefan endlich mal Zeit – und sucht den Zeitungsartikel, den ihm Vroni vor ein paar Tagen hingelegt hat. Thema: das Abschneiden seines Bergkäses bei der Käseolympiade. Er liest die Bewertungen: »Perfekt ausgewogen mit erdig würzigem Aroma«, »Stie-Käse schmeicheln dem Gaumen. Hinterlassen angenehme Röstaromen«, »Voller Leichtigkeit und herzhafter Milde«, »Der eine erinnert an Buttermilch. Der andere hat einen Nachgeschmack wie ein Sommertag auf der Alm«. Stefan Obermüller lehnt sich zurück. Lächelt. Von ihm aus kann das Fototeam jetzt kommen.

BINDALM

» Den Schnittkäse setze ich am Anfang vom Almsommer an – so ein Laib braucht mindestens vier Wochen, bis er schmeckt. «

Lieserl Wurm, Sennerin am Möslerkaser

NACH DER PENSIONIERUNG AUF DIE ALM

Vom Hintersee aus läuft ein Weg südwärts durch den Wald. Es ist die alte Verbindung des Erzbistums Salzburg mit dem Pinzgau, urkundlich zum ersten Mal 1386 erwähnt. An der Steigung zum Großen Hirschbichl zweigt ein Fußweg links ab und führt zur Bindalm.

Die Bindalm liegt im Klausbachtal, im äußersten Winkel des Nationalparks Berchtesgaden. Im einzigen Alpen-Nationalpark Deutschlands harmonieren Naturschutz, Landwirtschaft, Kulturpflege und Verwilderung. Hier kann man Zwölfendern und anderem Rotwild nahe kommen sowie Steinadler über den Ramsauer Dolomiten beobachten.

Kühn bäumt sich vor der Bindalm die Reiteralpe mit ihrem schroffen Gipfel auf. Offenbart Wände, Kamine, Kanten, Risse, Verschneidungen, Grate und Gesimse mit der Kategorisierung 6+/7–, womit der Schwierigkeitsgrad für Kletterer gemeint ist. Diese »Pfade« nach oben können nur bei guten Bedingungen bezwungen werden, sie erfordern Kletter- und Sicherungstechnik.

WANDERKLASSIKER IN DEN BERCHTESGADENERN

Ausgangspunkt: Klausbachhaus bzw. Haltestellen Bindalm oder Hirschbichl
Anfahrt: Mit Auto in die Ramsau bei Berchtesgaden. Vorbei an der Ramsauer Kirche bis zum Hintersee. Parkplatz Hirschbichl, Almbus vom Parkplatz aus bis zur Haltestelle Bindalm. Zwischen dem malerischen Hintersee in Ramsau hinüber ins benachbarte Weißbach bei Lofer in Österreich verkehrt von Mai–Okt. der »Almerlebnisbus« (www.almerlebnisbus.com; der Bus transportiert auch Radl bzw. Mountainbikes).
Tourencharakter: Leichte Wanderung über Weiden und durch lichten Mischwald, später steiler durch dichte Nadelwälder und über die Hängebrücke vor den Felsabstürzen der Ramsauer Dolomiten zur malerisch gelegenen Alm
Gehzeiten: Aufstieg vom Klausbachhaus: 2–2.30 Stunden, Abstieg: 2 Stunden. Von den Haltestellen »Bindalm« oder »Hirschbichl« sind es nur wenige Minuten zu Fuß bis zur Alm.
Tourdaten: 460 Höhenmeter, 7 Kilometer

PERFEKTE FUTTERVERWERTER

Davor liegt die Bindalm auf 1117 Metern Höhe. Sie besteht aus insgesamt vier wettergegerbten Almhütten, die in Rufweite zueinander liegen. Zwei von ihnen sind bewirtschaftet. Eine davon ist der Möslerkaser vom Ramsauer Bauernhof Möslerlehen. Lieserl und Sepp Wurm sind die Senner hier. Bei ihnen gibt es Käse, wie ihn die Almleute seit Jahrhunderten machen. Ein Käse, der einfach nur nach Natur schmeckt. Nach Bergwiesen und Kindheit.

Lieserls grauweißes Haar plustert sich um ihren Kopf wie ein dichter Kranz. Ein paar vorwitzige Strähnen wippen bei jedem Schritt gegen ihre Stirn. Sepps Gesichtszüge sind scharf geschnitten wie die Konturen der Mühlsturzhörner, jene Ramsauer Dolomiten, auf die seine Alm blickt. Seit sechs Jahren betreut der gelernte Maurer und Bauer im Nebenerwerb hier oben die Jungrinder und Milchkühe seines Talbetriebs selbst. Gemeinsam mit seiner Frau. Das war sein Traum für die Zeit nach der Pensionierung.

Lieserls Käsebrote mit der dicken Butterschicht darunter schmecken nach Blumen und Bergsommer (oben).
Heu machen ist auf der Alm notwendig, damit eine Notration Futter parat ist, falls es einen frühen Wintereinbruch gibt (linke Seite).

Lieserl und Sepp Wurm halten Pinzgauer Rinder, die auf der roten Liste der gefährdeten Rassen stehen. Die Bindalm ist eine typische Nachtweide, bei der das Vieh tagsüber im Stall und in der Nacht draußen ist. Den Kühen bekommt das gut, so haben sie Ruhe vor lästigen Insekten und sind vor der Mittagssonne geschützt. Ihr Fell ist kastanienbraun, mit einem weißen Streifen auf dem Rücken und einem weißen Bauch. Ihre dunklen, harten Klauen machen sie fast so berggängig wie Gämsen. Pinzgauer sind die perfekten Futterverwerter: genügsam und gutmütig. Obwohl sie klein sind, haben sie mächtige Brustkästen. Außerdem stehen ihre kurzen Hörner seitlich weg, wie bei kleinen Teufeln. Für Sepp sind die Pinzgauer die schönste Rinderrasse der Welt; ganz sicher sind sie die perfekten Tiere für Alm- und Bergbauern. Kenner schätzen ihr fein marmoriertes Fleisch, und auch die Milch, die die Kühe hier oben geben, ist aromatisch und gehaltvoll.

Seit fünf Uhr früh sind die Eheleute auf den Beinen. Haben die Pinzgauer gemolken und die Rohmilch in die Zentrifuge geschüttet, um Sahne und Magermilch zu trennen. Sepp und Lieserl leben auf der Bindalm ohne Dusche, Fernseher und Handyempfang. Der Herd wird mit selbst geschlagenem Holz geheizt.

SCHÜSSELKAS SEIT 1386

Auch ihr Käse ist keiner, der Luxus oder Komfort braucht. Er wird aus Rohmilch gemacht. Lieserl stellt – neben Frischkäse und Schnittkäse – den rar gewordenen Schüsselkas her. Bei Gourmets sind meist seine Verwandten aus fetter Milch (Süßmilch) beliebter. Der Schüsselkas entsteht aus Magermilch; die bleibt übrig, wenn der Rahm abgeschöpft ist, der sich unter Lieserls geschickten Händen in Butter, Frischkäse und fetten Schnittkäse verwandelt. Die Magermilch für den Schüsselkas muss einige Tage stehen, um richtig sauer zu werden. »Je nach Wetter«, sagt Lieserl. Sie habe es im Gespür, wann die saure Milch bereit zum Weiterverarbeiten ist.

Heute ist es wieder so weit. Seit Stunden faucht in Lieserls Herd das Feuer. 25 Liter Magermilch simmern in einem riesigen Edelstahltopf. Sie werden langsam erhitzt und beginnen zu stöckeln. Lieserl taucht den Finger hinein und spürt, wann die Masse

Käsen auf Almen ist Handarbeit. Die Laiber sind so unterschiedlich wie Weine eines Jahrgangs: lauter Individuen.

die richtige Hitze erreicht hat. Aus der gestockten Milch wird ihr Schüsselkas. Woanders in den Alpen heißt er Schtozenkas oder Graukas. Seine Herstellungsweise ist wohl so alt wie die Hütte selbst: »Seit 1386 wird die Alm bewirtschaftet«, erklärt Sepp. Zur Existenz der Hütte gibt es keine Urkunde, genauso wenig, wie es ein verbindliches Rezept für Schüsselkas gibt. Wie ein Volkslied haben die Frauen ihr Handwerk jahrhundertelang mündlich überliefert. Auch Lieserl lernte das Schüsselkasen von ihrer Schwiegermutter – und von Sepps Tante, ihrer Vorgängerin auf der Alm.

Mit einem Sieb schöpft die Sennerin die Milchbröckchen aus dem Topf. Dann gießt sie die Masse in ein mit einer Stoffwindel ausgelegtes größeres Sieb, unter dem eine Plastikschüssel steht. »Der Schüsselkas ist schnell fertig, er muss nur drei Tage reifen«, sagt sie. Immer wieder drückt sie die Windel mit den Milchbröckchen aus und hängt sie schließlich in einen Eimer zum Abtropfen.

ZWEITE DER WIESENMEISTERSCHAFT

Schüsselkas war früher ein Arme-Leute-Essen, erzählt Sepp. Erstens, weil er aus Magermilch gemacht wurde, und zweitens braucht er kein Lab, ein Enzym aus dem Magen von Kälbern. Ohne Lab kann die fette Milch, die Süßmilch, nicht gerinnen und reifen. Ganz anders die Magermilch und der Schüsselkas: Unspektakulär reift er ein paar Tage vor sich hin, mindestens drei. Wenn er länger reift, Wochen oder Monate, wird er schärfer und herber. Außer mit ein wenig Salz und Pfeffer wird er nicht weiter gewürzt.

Der Schüsselkas wird pur serviert. Es steckt ja schon die ganze Alpenblumenpracht in ihm. Dass Käse, Butter und Buttermilch so gut sind, liegt an den Kräutern. Die Vegetation auf der Bindalm ist dank der Luftfeuchtigkeit auffallend üppig, sie bietet den Pinzgauern eine reichhaltige Speisekammer: ein leuchtender Reigen aus Arnika, Frauenmantel, Margeriten, Pfefferminz, Primeln und Teufels-

Markenzeichen der Pinzgauer: die unverwechselbare Farbe und Zeichnung des Fells.

kralle blüht vor Lieserls Tür. Bei den EuRegio-Wiesenmeisterschaften, bei der die schönsten und artenreichsten Almen ausgezeichnet werden, belegte die Bindalm 2014 Platz zwei.

NATUR AUF DEM TELLER

Sepp Wurm kommt über den Blumenteppich von draußen in die Küche und gibt die Bestellung bei seiner Frau ab: »Buttermilch dreimal, Frischkas einmal, Schüsselkas zweimal.« Die Speisekarte ist kurz. Almbauern dürfen nur verkaufen, was sie selbst herstellen bzw. was almtypisch ist, wie z. B. Speck und Schnaps. Das ist Sepp recht. Seine Philosophie: »Der Weg von der Natur auf den Teller soll so kurz wie möglich sein.« Ein Lausbubenlächeln legt sich auf sein Gesicht.

Nachdem er am Nebentisch stolz die »Natur auf dem Teller« serviert hat, sitzt Sepp selbst auf einer Holzbank. Im Rücken die sonnenwarmen Bretter, schnauft er durch. Gleich wird er mit seiner Frau Heu machen, das Wetter ist ideal. Mit den Fingern wischt er ein paar Brösel vom Tisch – Finger, denen man die viele Arbeit ansieht und deren brüchige Nägel nie ganz sauber werden. Verträumt schaut er ins Tal. Unten schlängelt sich ein Wildbach durch lichte Wälder aus Lärchen, Kiefern und Fichten. Sepp seufzt glücklich. Dann schiebt er sich einen Monate alten Brocken Schüsselkas in den Mund. Und schüttelt sich – wie nach einem Stamperl Schnaps. Denn wenn er so alt geworden ist, schmeckt der grau-gelbe Käse säuerlich und im Abgang bitter.

Der jüngere Schüsselkas, den Sepp den Gästen aufgetischt hat, sieht dagegen aus wie golden-körniger Quark. Sein Aroma ist noch mild und fein, so mögen ihn die Gäste am liebsten. Sepp und Lieserl dagegen lieben alle ihre Käse, egal ob jung oder alt. Auch den Frischkäse mit Knoblauch, den vier Wochen gereiften Schnittkäse und natürlich die Butter – oder wie die Almleute sagen: »den Butter«.

BUCHERALM

ES WIRD WIEDER GEMECKERT – KLEINVIEH MACHT AUCH MIST

Nicht umsonst stammt der Begriff »kapriziös« vom lateinischen Namen für Ziege: »capra«. Auch heute halten die Tiere Martina Haase ganz schön auf Trab. »Kitz, Kitz«, lockt sie die 14 Jungziegen und rasselt mit einem Eimer voll Kleie und Salz. »Sie sind unterhaltsam und haben Persönlichkeit«, sagt sie und lächelt wie eine Schuldirektorin, die über liebenswerte Lausbuben spricht.

Martina Haase ist die Ruhe in Person. Und doch manchmal streng, wenn es um ihre Ziegen geht. Bei denen braucht man gute Nerven, erklärt die Almbäuerin: »Sie nutzen jede Gelegenheit, um mich auszutricksen.« Ziegen lernen schnell, sind so unerziehbar wie Katzen und versuchen sich schon mal darin, Zäune zu überwinden und Türen zu öffnen. Die meisten Tiere haben Besitzer – Ziegen haben Personal.

Dabei ist die Ziege als Überlebenskünstlerin keineswegs zickig. Selbst bei kargen Lebensumständen gedeiht sie prächtig, knabbert an Disteln und giftigem Alpenkreuzkraut, verschmäht nicht mal den Alpenampfer, den sonst kein Wiederkäuer frisst. Sie kommt mit dünnstem Berggras zurecht. Als Kletterkünstlerin überlebt sie auf Felsgraten, auf denen es für andere lebensgefährlich wird. Ziegen können wie Kamele auf Vorrat trinken und kommen mit wenig Wasser aus. Kurzum: Die Ziege kann sich auch dort noch wohlfühlen, wo es für andere geradezu lebensfeindlich ist. Gibt es dagegen ein breites Futterangebot, wird sie auf der Stelle wählerisch. Nascht bevorzugt bestimmte Blüten, Knospen und junge Zweige, und davon auch nur, was ihr schmeckt. Sie zupft die besten Kräuter aus der Weide und schält wie ein Gourmet die Rinde von jungen Bäumen. Eine richtige Diva.

ECHTE SENSIBELCHEN UND LIEBENSWERTE PERSÖNLICHKEITEN

Ungestüm kommen die Ziegen angelaufen, wenn Martina sie ruft. Neugierig beschnuppern sie die Almbäuerin, heben den Kopf und grimassieren frech meckernd. Ziegen sind robust und kommen mit den verschiedensten Klimaverhältnissen zurecht. Nur bei Regen frieren sie, weil sie, anders als Schafe, kein Wollfett im Fell haben. Deshalb suchen sie sofort einen Unterstand, wenn es anfängt zu tröpfeln. Bei Niederschlag fressen sie nichts und geben nur noch die Hälfte der Milch. Echte Sensibelchen.

Die liebenswerten Persönlichkeiten auf vier Hufen sind neben Milchkühen seit langem das landwirtschaftliche Rückgrat von

BIOALM MIT GOASSN-FLÜSTERIN

Ausgangspunkt: Wanderparkplatz in Birkenstein
Anfahrt: A 8 bis Ausfahrt Irschenberg, dann B 472 über Hundham bis Fischbachau, dort links nach Birkenstein; am Ende der Straße befindet sich auf der rechten Seite ein großer Parkplatz. Oder per Bahn (BOB) Richtung Bayrischzell bis Miesbach und weiter mit Bus 9552 zur Haltestelle »Birkenstein, Fischbachau« direkt am Ausgangspunkt
Tourencharakter: Leichte, kurze Wanderung auf guten Wegen
Gehzeiten: Aufstieg: 1 Stunde, Abstieg: 50 Minuten
Tourdaten: 385 Höhenmeter, 4,5 bis 5,5 Kilometer, je nach Weg

» Wer sich erst einmal mit Goaßn anfreundet, kommt nicht mehr von ihnen los.«

Martina und Werner Haase. Seit 1992 bewirtschaftet das Ehepaar ihren Leitzachtaler Ziegenhof in Fischbachau ökologisch. Deshalb darf sich die Bucheralm, die zum Talhof gehört, sogar offiziell »Bio-Alm« nennen.

Sommer bedeutet Arbeitsteilung: Martina Haase kümmert sich um die Alm auf 1879 Metern Höhe, und im Tal ist ihr Mann Werner der Chef. Das Wohl der Tiere steht bei beiden im Mittelpunkt. Bei Milch und Fleisch geht Klasse vor Masse. Martina macht Käse in der Käserei und verkauft ihn im Hofladen. An Feiertagen zaubert sie riesige Töpfe voll Kesselfleisch, Blut- und Leberwürste und Sauerkraut – für alle Helfer und Gäste der Alm. Und vor allem: Sie hat die lebenslustigen, listigen Ziegen im Griff.

WO DER GENUSS ZU SEINEM RECHT KOMMT

Diese Idylle hätten Martina und Werner fast verloren, als die EU-Hygienevorschriften den 535 Jahre alten Talhof erreichten. Der zuständige Beamte erklärte ihnen, sie müssten die Käserei modernisieren, wenn sie weiterhin Käse und Fleisch vom Hof hier verkaufen wollten. Es folgte eine Litanei über »reine« und »unreine« Produktionsbereiche von lebensmittelverarbeitenden Betrieben, Hygieneschleusen, korrosionsfreie Edelstahlkessel und genügend Handwaschbecken. Die Haases, deren Vorfahren seit 533 Jahren Käse und Würste auf dem Hof produziert hatten, hätten nach EU-Vorschriften bald nichts mehr davon verkaufen dürfen. Doch ohne Direktvermarktung hätte sich die Ziegenhaltung nicht mehr gelohnt.

Ein Teufelskreis: Kleine Höfe haben einen Wettbewerbsnachteil, weil die Richtlinien zur Herstellung von Lebensmitteln große Betriebe bevorzugen. Ein Umbau wird nur dann gefördert, wenn er effizient ist. Für einen kleinen Betrieb wie den der Haases gelten aber dieselben Hygienevorschriften wie für einen Großbetrieb, der sich Umbaumaßnahmen leichter leisten kann. Ein kleiner Hof muss dafür fast immer einen Kredit aufnehmen. Und letztlich größer werden – und andere kleine Höfe verdrängen.

Einen Kredit hätten die Haases nicht bekommen. Zu klein, zu ineffizient ist ihr Betrieb aus Sicht der Banken. Die Biobauern entschieden sich deshalb für die Ausgabe von Genuss-Rechten. Die Idee stammt von Slow-Food-Aktivisten, um Städter und Bauern »über authentische Lebensmittel zusammenzubringen«. Geldgeber, oft aus der Stadt, zeichnen eine Anleihe. Verzinst wird sie in Form von Fleisch, Käse oder anderen Produkten. Nach Ablauf einer vereinbarten Zeit können die Städter wählen, ob sie ihr Geld weiterhin Martina und Werner Haase leihen oder es sich ausbezahlen lassen. Es ist ein unkomplizierter Weg, um kleine Höfe – an Banken und Fördertöpfen vorbei – mit Finanzmitteln auszustatten. Zwischen Oktober 2010 und Juli 2011 kamen bei Haases insgesamt 99 500 Euro Kapital von 99 Geldgebern zusammen. Die Städter riskierten nichts, sie wussten, dass sie verlässlich hochwertige Lebensmittel erhalten würden. Dafür konnte der Stall der Haases neu gebaut werden, genauso wie die Käserei und der Hofladen. Keiner der Geschäftspartner hatte Grund zum Meckern.

Martina hat sichtlich Spaß an ihrer Arbeit: »Ich kann mir meine Zeit selbst einteilen. Ich arbeite nicht nach der Uhr. Das gefällt mir.« (linke Seite). **Appetitliche Gegenleistung** für die artgerechte Haltung der Ziegen (rechts).

» Die Goaßn kann man nicht zu etwas zwingen, allenfalls überlisten. Und man muss sie einfach mögen. «

Martina ist überzeugt, dass Tiere nur dann beste Milch liefern, wenn sie natürlich gehalten werden. Und das werden sie auf der Bucheralm.

Zu einer Bioalm passt die Mutterkuhhaltung. Hier dürfen die Kälbchen am Euter der Kuhmütter ihren Durst und Hunger stillen.

REGES TREIBEN

Auf der Alm herrscht seit dem Aufkommen der Genuss-Rechte reges Treiben. Die ungewöhnliche Geldbeschaffungsmaßnahme bescherte den Haases viel Aufmerksamkeit; in den Medien, der Slow-Food-Bewegung und durch Mund-zu-Mund-Propaganda (im wahren Wortsinn!). Wer sich die Bucheralm erwandert, erkundigt sich bei Martina mitunter nach dem Schabernack der Ziegen. Man kennt sich oft schon vom Hofladen, schätzt die Produkte. Die Gäste interessiert auch die naturnahe Aufzucht der Ziegen ganz genau. »Richtig philosophisch wird es manchmal«, sagt Martina Haase. Wollen wir Produkte ohne Einsatz von Chemie? Wie viel können wir für gesunde Lebensmittel ausgeben? Welche EU-Vorschrift ist sinnvoll, welche nicht? Sie sinniert mit ihren Gästen: »Im Grunde läuft alles auf die Frage hinaus, was uns die Kultur der Almbauern wert ist und ob wir sie erhalten wollen.«

Die Genuss-Anleihen sind ein Versuch, diesen Fragen Antworten entgegenzustellen. Wer auf Martinas Alm kommt, einen Ziegenkäseteller, einen Becher Milch oder Bio-Bier bestellt, wird Teil dieser Antwort. Mehr regional und saisonal geht nicht. Martina Haase kümmert sich »narrisch gern« um ihre vierbeinigen Lausbuben und -mädel und genauso gern um ihre zweibeinigen Besucher mit verwegenen Ideen von Genuss-Rechten. Denn: Am Anfang gab es nichts weiter als eine kapriziöse Idee. Heute sind auf der Bucheralm alle zufrieden. Auch wenn ringsum viel gemeckert wird.

Ehrfurcht vor Nahrungsmitteln

18 kg Futter ergeben 1 kg Ziegenkäse

Für 1 kg Käse muss eine Ziege 18 kg Futter fressen. Dieser beachtliche Wert lässt sich so errechnen:

- Eine Ziege gibt pro Tag rund 3 l Milch.
- Sie frisst dafür pro Tag rund 6 kg Futter.
- 18 kg Futter ergeben somit rund 10 kg Milch.
- 10 kg Milch werden benötigt für 1 kg Käse.

Das anschauliche Mengenverhältnis von Futter, Milch und Käse sollte jedem bewusst sein, der gern Käse verschmaust. Bevorzugt Ziegenkäse. Sowohl Ehrfurcht vor Nahrungsmitteln als auch ein Vertiefen des Vergnügens werden dann stattfinden.

ZIEGENABTRIEB IN MITTENWALD

»Im Frühjahr freue ich mich, wenn es wieder losgeht!«

Christian Neuner, Ziegenhirte aus Mittenwald

ZICKENFRIEDEN IM HOCHGEBIRGE

Es müssen nicht immer Kühe sein: Am ersten Samstag im September dreht sich alles um Ziegen, zumindest in Mittenwald. Rund 200 dieser Tiere werden dann von der Scheibenalm am Ferchensee durch den Ortskern getrieben.

Was für ein Gemecker und Gehopse! Mit Mä-hä-hä und ihren Glöckchen läuten die Ziegen in Mittenwald die Almabtriebe ein – und damit das Ende des Sommers. Rund 40 Hütejungen und Treiber halten sie mit Rufen, Jodlern und Juchzern auf der richtigen Spur. Hunderte Besucher sind gekommen, um die ungewöhnliche Karawane zu empfangen, die gegen Mittag durch den Ort zieht. Was für die Goaßerer eine alte Tradition ist, ist für die Zuschauer ein ungewöhnliches Spektakel.

Jahrhundertelang waren die Alpen die weltweit wichtigste Region für die Ziegenzucht. Vor allem in Notzeiten war es einfacher, statt Kühen die wendigen Ziegen durchzubringen. Im Sommer konnten sie die für Rinder unzugänglichen Hochlagen beweiden, und im Winter waren sie mit Laub und kargen Resten zufrieden. Deshalb werden in Südeuropa auch heute noch eher Ziegen als Kühe gehalten. Hierzulande war es nicht anders: »Besonders in mageren Zeiten erlebte die Ziegenhaltung einen Boom«, weiß Christian Neuner. Seit der ersten Stunde gehört er zu denen, die sich für die Ziegen stark gemacht haben; seit 33 Jahren ist Neuner Vorstand der Mittenwalder Ziegen- und Schafhalter.

EIN AUFWENDIGES HOBBY

Ziegen sind Christian Neuners aufwendiges Hobby. Obwohl er selbstständig eine Gärtnerei und ein Blumengeschäft betreibt, widmet er im Sommer seine gesamte freie Zeit den Ziegen. Breit lächelnd wischt er sich übers runde Gesicht: »Es ist Idealismus und mein Dienst an der Gemeinschaft und für die Heimat«, sagt er. Seine muskulösen Arme verraten, dass er gut zupacken kann. Seit mehr als einem Vierteljahrhundert sind er und sein Zwillingsbruder Andreas während der Sommermonate auf der Scheibenalm. Der Weidebetrieb dort ist ein Gemeinschaftsprojekt von 36 Mittenwalder Familien, die Ziegen halten. Manchen gehört ein knappes Dutzend Tiere, anderen nur zwei – wie Christian Neuner. Die Hälfte der Familien halten zusätzlich noch Schafe, auch die Neuners.

Für die »Goaßerer« um Christian Neuner ist der Almabtrieb eine willkommene Gelegenheit, ihre Tradition zu präsentieren.

1985

» Almabtriebe gehören in Mittenwald zum Jahreslauf. Wenn die Tage kürzer werden und vor dem ersten Schnee, werden die Tiere zurück ins Tal geholt. «

Früher galt die Ziege als »Kuh des armen Mannes«. Sie wurde vor allem ihrer Milch wegen gehalten, und ihr Nachwuchs lieferte an Festtagen das begehrte Fleisch, von dem auf dem Land eher zu wenig vorhanden war. Doch in der Nachkriegszeit geriet die Ziegenzucht ins Abseits, die Industrialisierung der Landwirtschaft war schuld. Erst in den 1980er-Jahren dachten die Menschen wieder an das genügsame Tier; damals wurde auch die große Bedeutung der Ziege für die Landschaftspflege erkannt. Weil junge Triebe zu den Delikatessen der kleinen Wiederkäuer zählen, verhindern sie, dass die Weiden verbuschen. Von den 200 000 Ziegen, die in Deutschland gehalten werden, dienen heute nur rund 35 000 dem Broterwerb von Landwirten, die Ziegenmilch vermarkten. Der Rest der Tiere wird zur Landschaftspflege eingesetzt, gehört Hobbyhaltern oder Streichelzoos.

Die Ziegenhaltung auf der Scheibenalm bewältigen die Neuner-Brüder mit Unterstützung von Buben und Mädchen aus der Umgebung. Die Hütekinder führen die Ziegen auf die umliegenden Weideflächen. »Wir haben pro Woche drei bis vier Kinder hier, die mit uns auf der Alm schlafen. Ich kümmere mich darum, dass sie je eine Woche lang von der Schule befreit sind«, sagt der »Chef-Goaßerer« Christian Neuner. Die Arbeit sei unter den 8- bis 16-Jährigen so beliebt, dass diese schon im Winter bei ihm anfragen.

Auch rund um dem Almabtrieb steht Neuner als Organisator im Mittelpunkt. Dort kommt er mit Touristen ins Gespräch und überzeugt sie, dass die Vorstellung vom bockig schmeckenden Ziegenfleisch falsch ist. Im Gegenteil: In vielen Ländern wie Frankreich und Spanien gilt Ziegenfleisch als Delikatesse.

MISSWAHL MIT WEIBI UND SUSI

Ganze Familien, vom Kleinkind bis zu den Großeltern, haben sich für den Ziegenabtrieb in Tracht herausgeputzt. Sind alle Zwei- und Vierbeiner in der Ortsmitte angekommen, wird die Fußgängerzone zum Laufsteg. In ein großes Gatter geschoben, warten die Ziegen auf ihre Besitzer. Es ist Zeit für die Viehscheid. Bei ihr werden die Tiere, die gemeinsam den Sommer auf der Alm verbracht haben, ihren Besitzern zurückgegeben. Laut rufen die Hütejungen Namen über den Platz, und ein Züchter nach dem anderen holt seine Tiere ab.

Dann sind Neuners Ziegen Weibi und Susi an der Reihe. Eine Jury begutachtet sie – genau wie ihre meckernden Kameradinnen. Stimmen Größe, Proportionen, Ausstrahlung und Farbe? »Eine Misswahl verläuft auch nicht viel anders«, amüsiert sich Neuner. Die Jury-Mitglieder machen sich Notizen: wie sich die Tiere den Almsommer über entwickelt haben; ob ihr Fell glänzt; wie es um Gebiss und Hufe steht. Nur langsam löst sich das dichte Gedränge im Gatter auf. Am Ende kürt die Jury die Schönsten. »Besonders junge Züchter sind stolz, wenn es ihre Ziegen aufs Siegertreppchen schaffen«, sagt Christian Neuner und lacht. An Nachwuchs mangelt es nicht. Eine Gewinnerin dieser Saison ist die erst 13-jährige Heidi. Überglücklich nimmt sie den Pokal entgegen, schließt Ziege Micki in die Arme und busselt sie ab. Ein Prachtexemplar mit glänzendem Fell, fein gedrehten Hörnern, gesundem Euter und kräftigen Hufen. Auf dem Rückweg von der Siegerehrung lässt sich nicht erkennen, wessen Augen mehr strahlen: Heidis oder Mickis.

Der Herbst hält Einzug

Hunderte von Schaulustigen verfolgen den traditionellen Ziegenabtrieb in Mittenwald.

Für die »Goaßerer« um Christian Neuner ist der Almabtrieb eine willkommene Gelegenheit, ihre Tradition zu präsentieren.

Christian Neuner verbringt den Sommer auf der Scheibenalm oberhalb des Ferchensees und unterhalb des Wettersteins.

Dass über Mittenwald Ziegen weiden, dient auch der Pflege der Almwiesen – diese würden ohne die lebendigen Rasenmäher verwildern und zuwuchern.

Almabtriebe gehören in Mittenwald zum Jahreslauf. Immer dann, wenn die Tage kürzer werden und bevor sich in den Bergen der erste Schnee ankündigt, werden die Tiere zurück ins Tal geholt. Bei Almabtrieb denkt man an Kühe, die festlich geschmückt durch die Straßen trotten. Das ist in Mittenwald nicht anders – aber die Kühe sind erst zwei Wochen später dran. Die Ziegen sind immer die Ersten der Mittenwalder Almtiere, die ihre Sommerfrische beenden.

Der Ziegenabtrieb in Mittenwald ist ein Fest für Groß und Klein. Die Musik spielt auf, es gibt zünftige Brotzeiten und das Bier fließt in Strömen. Am Ende findet die Prämierung der schönsten Ziege statt. Der stolze Gewinner: Adolf Sailer von der Goas-Alm in den Buckelwiesen.

SALETALM

» Die Überfahrt über den Königssee erfolgt noch ungeschmückt. Erst nach Ankunft am Ufer, an der Seelände, kommt das sogenannte Aufkranzen. «

WO DIE KÜHE SCHIFFERL FAHREN

Sobald die Weiden abgegrast sind, die Milch weniger und das Wetter frostiger wird, heißt es Abschied nehmen. Dann kehrt auch das Vieh von der Saletalm am Königssee heim in den Stall – und Sennerin Anita Schiessl zurück in ihren Beruf als Krankenschwester.

Am Morgen des Almabtriebs liegt Anitas Zuhause im Nebel. Sie ist Sennerin auf der Saletalm am Südende des Königssees. Die Saletalm ist ein Doppelkaser, was bedeutet, dass sich zwei Talbauern die Alm teilen. Die beiden Senner wohnen zwar unter einem Dach, haben aber getrennte Wohnungen und Ställe.

Der nahe Königssee ist kaum zu sehen. Zusammen mit ihrem Talbauern und Helfern treibt die Sennerin ihr Vieh zur Bootsanlegestelle. Große Transportschiffe mit ebenem Boden und flachem Zustieg, die sogenannten Landauer, sollen Tiere und Menschen über das Wasser tragen. Die Berglandschaft spiegelt sich im See, zwei Einheimische stehen auf dem Steg und machen Musik mit Flügelhorn und Trompete. Ein Hirtenjunge unterhält sich fachkundig mit Anita. »Ob die Kühe auf einen Viehtransporter steigen oder aufs Boot müssen, ist ein gewaltiger Unterschied«, erklärt sie ihm stirnrunzelnd.

IM ANGESICHT VON KÖNIG WATZMANN
Ausgangspunkt: Parkplatz Königssee
Anfahrt: A 8 bis Ausfahrt Bad Reichenhall, dann B 20 bis zum Königssee. Oder mit der Bahn bis Bahnhof Berchtesgaden und weiter mit dem Bus bis zum Parkplatz Königssee. Anschließend mit dem Schiff der Bayerischen Seenschifffahrt bis zur Endstation Saletalm / Obersee
Tourencharakter: Leichter, kurzer Spaziergang auf guten Wegen
Gehzeiten: 10 Minuten bis zur Anlegestelle Königssee und von der Endstation noch 15 Minuten Fußmarsch bis zur Alm
Tourdaten: Keine Höhenmeter, knapp 1 Kilometer

Der Königssee entstand nicht wie viele Bergseen in der Eiszeit, sondern durch tektonische Verschiebungen. Er ist über 200 Meter tief; wärmer als 17 °C wird er selten. Nach der Stallarbeit ging Anita trotzdem oft zum Baden. Sie saß gern am Ufer, schaute den Insekten zu, die auf der Oberfläche tanzten, und den Fischen, die nach ihnen springen.

Für Anita ist es ihr erster Almsommer (links). Am Königssee geht es für die Rinder nur auf dem Wasserweg wieder zurück in den warmen Stall (rechte Seite).

Die vierbeinigen Hauptdarsteller beim jährlichen Almabtrieb über den Königssee sind echte Hingucker.

NATURNAHES LEBEN MIT WESTERN-FEELING

An der Verladestation angekommen, bocken die Tiere wie in einem Rodeo aus einem Western-Film. Sie sträuben sich und wollen nicht freiwillig auf das Boot steigen. Kühe können zwar schwimmen, aber ihr Instinkt sagt ihnen, dass sie beim Kentern des Boots wegen der Steilwände des Königssees chancenlos wären. Jetzt braucht es viele geübte Hände. Die Helfer ziehen jede Kuh vorne an einem Strick und schieben sie am Hinterteil, sodass ein Tier nach dem anderen die Rampe hoch stolpert. Die Kühe dampfen vor Kälte und Aufregung. Anita redet beruhigend auf sie ein. Sie streichelt ihre Milchkühe Emmi, Lore, Sengei und Bärli und seufzt erleichtert, als schließlich alle auf der Ladefläche stehen – dicht aneinandergedrängt, als könnten sie sich gegenseitig in dieser mulmigen Situation stützen. Auch während der Überfahrt spricht die Sennerin mit ihren Tieren, um ihr Unbehagen zu lindern. Das Almleben, das kurz nach Pfingsten beginnt, war nie so romantisch, wie es in Liedern besungen wurde. Die Sennerinnen und Senner arbeiten hart. Wie vor 100 Jahren bestimmt der Rhythmus der Natur das Leben. Und genau das hat Anita auf die Saletalm verschlagen – die gelernte Krankenschwester sehnte sich nach diesem naturnahen Leben.

Ungefährlich ist der Aufenthalt auf einer Alm nicht: Eine Kuh kann abstürzen oder ein totes Kalb zur Welt bringen. Manche Sennerin geriet schon in einen Schneesturm, der sie das Leben kostete – weil sie ein verirrtes Tier suchte. Wenn so ein Unglück passiert, werden die Tiere still vom Berg hinuntergebracht. Doch ist während der Almsaison alles gut gegangen, bekommen die Kühe einen prächtigen Schmuck. Ein ziemlicher Aufwand, denn die Almleute im Berchtesgadener Land fangen mit dem Anfertigen traditionell erst am 24. August an, an Bartholomä.

LANGE WIMPERN UND EIN TREUHERZIGER BLICK

Es war Anitas erster Almsommer. Die schlanke Frau pustet sich ihre blonden Haare aus der Stirn und bindet sich einen Pferdeschwanz. Auf der Alm bestimmen die anfallenden Arbeiten den Tagesablauf:

Der Königssee offenbart alle Bergschönheit: Fels, Wald und Wasser sind eine atemberaubende Verbindung eingegangen.

Brunnentrog schrubben, Wanderer bewirten, den Tieren Salz und Kleie geben und morgens und abends die Milchkühe Emmi, Lore, Sengei und Bärli in den Stall holen und melken. Die vier sind richtige Schönheiten: lange Wimpern, treuherziger Blick, sahnefarbene Mäuler, muskulöse Körper. Die Sennerin mag die Arbeit mit den Kühen im Stall und danach einen Kaffee mit der frisch gemolkenen Milch. Sie wird die Arbeit vermissen, die Milch, den Käse, den sie daraus machte. Zugleich freut sie sich darauf, dass ihr Alltag wieder Raum für andere Dinge bieten wird: eine Reise nach Indien, Zweisamkeit mit ihrem Freund, Kino mit Freundinnen.

An ihrem letzten Abend geht Anita zum nahen Ufer des Königssees. Sie setzt sich auf einen moosbewachsenen Stein. Die Katze ist ihr gefolgt, springt auf ihren Schoß und rollt sich schnurrend ein. Sie spürt wohl, dass Anita am nächsten Morgen weggehen wird. Der See sieht aus, als läge ein Spiegel auf ihm, so glatt und ruhig ist seine Oberfläche. Es riecht, wie nichts anderes auf der Welt je riechen kann: nach nassen uralten Steinen, nach Wald, nach Frische. Anita saugt den vertrauten Geruch tief ein und verabschiedet sich von den Gipfeln, dem Rauschen der Wälder, den Blumenteppichen auf den Wiesen und der Leichtigkeit, mit der sich die Vögel vom Wind treiben lassen. Morgens und abends gehörte diese Welt ihr ganz allein.

PRÄCHTIG GESCHMÜCKT AUF DEM »COWWALK«

Beim Almabtrieb verläuft die Fahrt mit den Elektrobooten nach der anfänglichen Aufregung ohne Zwischenfälle. Alle Rinder stehen brav auf ihrem Platz. Sie schippern an der Wallfahrtskirche St. Bartholomä vorbei, am imposanten Watzmann, an der Echowand, wo die Juchzer und Jodler des Steuermanns mehrmals zurückgeworfen werden, und an den steil aufragenden Felswänden, für die der stille Königssee berühmt ist. Mit der Ruhe ist es bei der Ankunft am Ufer in Schönau, an der sogenannten Seelände, jedoch vorbei. Freunde, Nachbarn, Bauern – alle warten auf die Ankunft des ungewöhnlichen Frachtschiffs.

» Wer täglich die Naturgewalten spürt, ist überglücklich, wenn Mensch und Vieh wohlbehalten zurückkehren dürfen. Mit den mächtigen Fuikl wird Dankbarkeit ausgedrückt. «

Die Überfahrt wird mit Musik begleitet (links). Der Kranzschmuck heißt »Fuikl«: Kuh-Kronen aus Fichten- oder Tannenbäumchen, deren Zweige mit handgearbeiteten Blumen und Rosetten aus bunten Holzspänen verziert werden (rechts).

Und dann sind da noch die Touristen mit ihren Kameras. Hunderte Schaulustige stehen am Ufer, um ein nicht alltägliches Spektakel zu beobachten: Jetzt werden den Rindern die Fuikl, die Kränze und Kronen, auf den Kopf geschnallt. »Wir binden sie erst nach der Bootsfahrt auf, wenn alle wieder festen Boden unter den Füßen haben«, erklärt Anita. Ein beherzter Griff – schon hält Leitkuh Lore still und lässt sich den prächtigen Kopfschmuck von Anita aufzäumen. Jetzt geht es auf dem »Catwalk« nach Hause, oder besser gesagt: dem »Cowwalk«.

Auf Lores Haupt thront ein beinahe anderthalb Meter hohes Bäumchen, gebändert, gerüscht und mit bunten Blumen aus Holzspänen übersät. Sie führt die Herde an. Ihr trotten Emmi, Sengei und Bärli nach, dazwischen, wie übermütige Teenager, die Jungkühe und Kälbchen. Ihr Glockengeläut wird vom Wind in alle Richtungen getragen. Die Menschen folgen mit einem vergoldeten Almrausch-Anstecker am Hut, an der Dirndlbluse oder am Stock – ganz wie es Brauch ist. Mit einem großen Freudenfest empfängt die Talbäuerin diesen Triumphzug. Im Hof steht eine lange, festlich gedeckte Tafel. Gefeiert wird mit Schüsseln voller Würsten, Knödel und Kraut, literweise Bier, stamperlweise Schnaps. Zwei Dutzend Menschen sitzen beisammen, plaudern, lachen, prosten sich zu. Bis ein Stern nach dem anderen aufblinkt. Die Kühe liegen derweil wiederkäuend im warmen Stall. Gemolken wurden sie längst – zum ersten Mal seit vier Monaten nicht von Anita.

Etwa 30 Rinder kehren jährlich von den Almen am Südufer des Königssees und des Obersees zurück. Sie sind im gesamten Alpenraum die einzigen mit einstündigem Bootstransfer auf dem Weg zum heimischen Stall (rechte Seite oben). Die Talbäuerin erwartet die Helfer mit einer zünftigen Brotzeit (rechte Seite unten).

ENGALMEN

BAYERISCH-TIROLER KANADA – DER GROSSE AHORNBODEN

Die Eng ist ein Juwel, eingebettet in einen natürlichen Kessel: im Norden schattige Kalkfelswände, im Süden saftig grüne Grashänge mit leichten Wanderwegen. Außen herum bilden bedrohlich wirkende Felsspitzen eine Herausforderung für Kletterer. In wettergegerbten Holzhütten servieren Almbauern Köstlichkeiten wie handgemachten Käse. Einzigartig im Talboden sind die prächtigen uralten Ahornbäume.

Selbst im Sommer sind die Gipfel oft schneeweiß, und darüber spannt sich das Blau des klaren Himmels. Die Kalkberge dahinter leuchten manchmal regelrecht. Sie bilden die Kulisse für Tausende von Bergahornbäumen. So weit das Auge reicht, präsentieren diese sich – teilweise über 600 Jahre alt, bis zu 20 Meter hoch und mit einem Umfang von bis zu anderthalb Metern.

Das Almdorf Eng steht für Kontraste (lieblich – gefährlich) und ist ein länderübergreifender Zwitter (Bayern – Tirol). Es gehört zwar zu Österreich, kann aber nur von Bayern aus angefahren werden. Denn die Eng ist – wie ihr Name schon sagt – von drei Seiten »eingeengt«. Von hier starten anspruchsvolle Bergtouren für Profis, die weiter hinauf wollen.

MÄRCHENHAFTE FAUNA UND FLORA

Es ist eine Landschaft, die viele Menschen mit Kanada assoziieren: eine stille Ebene mit mehr als 2500 Ahornbäumen vor mächtigen Felswänden. Dabei entspricht die Fauna der Eng einer typisch bayerischen oder Tiroler Almwirtschaft. Bloß märchenhafter. 500 Rinder grasen zwischen den Ahornbäumen, davon 200 Milchkühe. Ihre Milch wird an Ort und Stelle zu Käse und Butter verarbeitet. Wer genau lauscht, hört sogar Hirsche röhren. In den Felsen sind oft Gämsen zu sehen, bei Schlechtwetter trifft man sie sogar unten im Talboden, der sich an die schroffen Berghänge schmiegt. Die Eng ist einer der spektakulärsten Naturschauplätze der Alpen, anmutig und ungezähmt. Doch die Hauptrolle spielen die Bäume. Selbst, wenn man das am Anfang des Tals noch nicht bemerkt.

DAS DORF DER ALMEN MITTEN IM KARWENDEL

Ausgangspunkt: Parkplatz in der Eng
Anfahrt: A 8 bis Ausfahrt Holzkirchen, dann B 13 über Bad Tölz und Lenggries zum Sylvenstein-Speichersee, hier auf der B 307 nach Vorder- und Hinterriß und dort auf der Mautstraße in die Eng. Oder mit der Bahn (BOB) nach Lenggries und von dort mit dem Bergsteigerbus Richtung Karwendel bis zur Endstation am Ende der Straße im Rißtal, am Parkplatz in der Eng
Tourencharakter: Kurzer Spaziergang
Gehzeiten: Bis zu den Engalmen sind es vom Parkplatz 10 Minuten zu Fuß.
Tourdaten: Keine Höhenmeter, ca. 300 Meter Fußweg

Am Alpengasthof Eng, der vor vier Generationen aus einer Enzianbrennhütte entstanden ist, stellen Tagestouristen Autos ab und steigen aus Bussen. Der Großparkplatz wirkt wie ein Abfertigungsbetrieb für Kaffeefahrten. Doch er hat sein Gutes: Seit es ihn gibt, wird nicht mehr wild geparkt. An Spitzentagen durchqueren fast tausend Besucher zu Fuß und auf Rädern das rund 2,5 Quadratkilometer große Landschaftsschutzgebiet. Hinter dem Parkplatz beginnt dann

» Schon in der Bronzezeit durchstreiften frühe Siedler die Eng.«

die Idylle. Über eine Mautstraße, die ursprünglich für die Almwirtschaft gebaut wurde, ist die Eng leicht zu erreichen. Selbst Menschen, die nicht gut zu Fuß sind, können sich das Almdorf in einer halben Stunde erlaufen. Wer weiterwandert, entdeckt stille Winkel, kleine, lauschige Trampelpfade und Aussichten voller Kontraste.

Während der letzten Eiszeit schmirgelte ein mächtiger Gletscher die Eng aus dem Karwendel heraus. Sie war schon vor vier Jahrtausenden beliebt: In der Bronzezeit durchstreiften unsere Vorfahren das abgelegene Tal. Seit dem 10. Jahrhundert wurde der Talboden regelmäßig als Weidegrund genutzt. Auch damals wuchsen schon etliche Bäume, doch sie wurden immer wieder gerodet. Die Menschen fällten Ahorn, Fichten, Tannen und Buchen, um mehr Futterflächen für ihr Vieh zu gewinnen. Die älteste erhaltene Urkunde über Almwirtschaft stammt aus dem Jahr 1460, eine Grenzbegehung ist 1523 belegt. Seitdem wird das Tal durchgehend bewirtschaftet.

KUSCHELN FÜR DEN WEITERBESTAND

Ohne Bäume wäre ein Gebirgstal wie die Eng nicht besiedelbar und somit Muren, Lawinen oder Hochwasser schutzlos ausgeliefert. Die Wurzeln der Bäume sichern die Erde, schützen vor Bodenabschwemmung und -verwehung. Wie Menschen in der Eng mit Hilfe von Bäumen Lebensräume geschaffen haben, ist eine kluge Kombination aus menschlicher Arbeit und lokalen Eigenheiten. Denn der Schotterboden ist nur von wenigen Zentimetern Humus bedeckt. Ahorn und Kastanie mögen das, die meisten anderen Bäume brauchen einen anderen Untergrund.

Tatsächlich formte sich die charakteristische Eng-Landschaft erst während des Dreißigjährigen Kriegs heraus. Schotterboden, Kessel, Krieg – alles wirkte zusammen. Zwischen 1618 und 1648 lag die Eng brach, die Almbauern hatten sie verlassen, weil sie als Soldaten im Krieg waren. In diesen Jahren begannen die robusten Bergahorne sich ungehindert zu entwickeln. Ohne den Almbetrieb konnten sie wachsen, ohne abgenagt zu werden. Als nach dem Dreißigjährigen Krieg erneut Rinder in die Eng getrieben wurden, waren die Ahornbäume schon groß genug. Und blieben. Die Kühe konnten sie nicht mehr abweiden. Andere Bäume wuchsen nicht so gut, also stemmten sich die allein stehenden Ahorne in die Höhe. Das schätzt diese Art – anders als etwa Buchen, die gern eng zusammen aufwachsen und »kuscheln«.

ZWISCHEN MURMELTIERSALBE UND AHORNBLÄTTERN

Um 1870 verzauberte das Tal die ersten Bergsteiger, und kurz darauf, ab 1900, begannen Kletterer die Felswände zu erobern. Doch trotz vereinzelter Gäste blieb die Eng bis in die 1940er-Jahre einsam. Erst ab 1941 setzte der Tagestourismus ein, dank der ersten Trinkwasserleitung. In den späten 1950er-Jahren bekamen Besucher Getränke auf einer Almhütte, ein Bauernladen kam dazu. In den

Von der Schotterebene über die Almfläche zum Tummelplatz für Touristen – trotz der zahlreichen Besucher belohnt die Eng mit filmreifen Ausblicken. Und abseits der viel begangenen Wege finden sich immer noch einsame, stille Plätze.

Seit fast hundert Jahren stehen die Ahornbäume als Naturdenkmäler unter Schutz – egal ob jung, alt oder abgestorben. Rechte Seite: Immer wieder kommen Hochzeitspaare in die Eng, um sich in der urigen Dorfkapelle das Ja-Wort zu geben.

1980er-Jahren ging es dann Schlag auf Schlag, und manche Bauern begannen Gäste in ihren Almhütten aufzunehmen. Inzwischen gibt es auf der Eng rund 60 Schlafgelegenheiten. Böse Zungen sprechen von Massenabfertigung und Großgastronomie. Ja, es gibt Latte Macchiato und Murmeltiersalbe zu kaufen. Aber es gibt auch immer noch das alte Almdorf, das alle willkommen heißt, die Fußlahmen genauso wie die Kletter-Heißsporne. Es gibt die Tiere, die sich hier seit Jahrhunderten wohlfühlen. Und die Ahornbäume, die alle Lebewesen unter ihre Blätterfittiche nehmen – auch die Tagestouristen.

> *Tipp*
>
> Die Enger Bauern stellen jedes Jahr einen besonders geschmackvollen Käse aus der Almmilch her. Je länger er reift, desto intensiver werden seine Aromen. Beim Almabtrieb kann man den ersten Bergkäse der Saison probieren.

Inmitten der Ahorne wird deutlich, was viele Wissenschaftler bestätigen: Bäume, die sich ihren Lebensraum teilen, funktionieren wie ein gut abgestimmter Organismus, ähnlich einem Ameisenstaat. Sie helfen sich untereinander, senden mit Duftstoffen Warnungen vor Schädlingen aus und schließen sich über Wurzeln zusammen. Dass Wälder Gemeinschaften bilden, Heimat und Schutz sein können, kennt man noch aus Märchen, Sagen und alten Volksliedern. Eine Erinnerung daran bietet der Herbst, wenn die Ahornbäume rotgolden über die ganze Eng hinweg leuchten. Je nach Wetter strahlen sie wochenlang oder nur wenige Tage – falls der Föhn stürmt oder früher Schneefall alle Blätter von den Zweigen pflückt.

Wie ähnlich Menschen und Bäume sich sind! Ein einsamer Bergahorn in der Eng könnte nicht überleben, denn er könnte kein lokales Klima schaffen, in dem er sich wohlfühlt. Aber zusammen schaffen sie es. Weil die Eng ein schützender Kessel ist, stimmt das Mikroklima. Die Ahornbäume sind eine Gemeinschaft, die Hitze und Kälte mildert und unterirdisch enorme Mengen Wasser speichert. Überspitzt gesagt sind Bergahorne die Kamele unter den

Hax'n
abkratz'n!

Engalm

Bäumen: Sie können besser auf Vorrat trinken als andere Artgenossen wie Tanne oder Buche. In der Eng werden sie auch deshalb so alt wie sonst nirgendwo.

TRAUM-IMMOBILIEN FÜR INSEKTEN, VÖGEL, FLEDERMÄUSE

Seit 1927 stehen die Ahornbäume als Naturdenkmäler unter Schutz – egal, ob jung, alt oder abgestorben. Seitdem werden sie besonders gepflegt; ein Managementplan sorgt für Verjüngung und Erhalt des Baumbestands. Weil in der Eng Naturschutz vorgeht, gibt es weder Hotels noch Lifte. Schließlich dauert es Jahrzehnte, bis ein Ahornbaum seine stolze Größe erreicht. Und je älter er wird, desto robuster wird er. Nach jeder meteorologischen Krise, wie beispielsweise trockenen Sommern oder sehr frühem Schneefall, triumphieren die Bäume. Dann sind sie noch stärker geworden, denn sie haben als Gemeinschaft erneut eine Herausforderung gemeistert.

Sogar wenn ein Baum schwächelt, ist er nicht allein: Die Baumgemeinschaft versorgt ihre Kranken über Wurzelnetzwerke mit Nährstoffen, bis es ihnen wieder besser geht. Der Förster und Buchautor Peter Wohlleben vergleicht Bäume, bei deren Wachstum der Mensch nicht eingreift, deshalb mit einer Elefantenherde: Sie helfen den Schwächeren gemeinsam, lassen Tote nur ungern zurück. In der Eng sieht man es oft – es gibt etliche tote Bäume, die für die Gemeinschaft der Ahornboden-Bewohner trotzdem eine wichtige Rolle spielen: Bis zu 70 Flechten, Pilze, Moose und Farne wachsen auf ihrer morschen Borke. Sie sind Traum-Immobilien für seltene Insekten, und in ihren Höhlen nisten Vögel und Fledermäuse.

Nicht nur die Gemeinschaft der Ahornbäume, auch die aller Lebewesen in der Eng ist Teil eines gut funktionierenden Ökosystems. Jedes Tier, jede Pflanze, jeder Pilz hat seine Aufgabe und seinen Platz innerhalb dieses Gefüges. Glück hat, wer die wenigen Tage im Herbst dort sein kann, an denen der gesamte Ahornboden leuchtet – ein Kraftplatz! Trotz der vielen Tagestouristen.

Geheimtipp Frühjahr

Im Frühling lohnt sich ein Besuch der Eng besonders, wenn nach langen, dunklen Wintertagen wieder die Sonne die Oberhand gewinnt. Denn sobald im April der Schnee weniger wird, sind Hunderte Krokusse zu sehen. Sie wechseln sich mit einer wahren Blütenpracht verschiedener Bergblumen ab – der gesamte Ahornboden ist übersät von gelben Dotterblumen und knolligen Trollblumen. Inmitten des vielen Gelbs der Trollblumen wachsen verschiedene Enzianarten, etwa die bekannteste: der Großblättrige Enzian. Besonders schön zu sehen ist er bei einem Spaziergang rund um die Engalm, bevor die Kühe auf die Weide kommen. Auch der Mai ist ein ruhiger Monat in der Eng, in dem man die Natur oft noch allein genießen kann. Mit der Ankunft der Kühe im Juni ist die Ruhe vorbei – der Almsommer beginnt, und die Kuhglocken hallen durch die Eng.

Sogar für Kinderwagen und Rollstuhlfahrer ist der Weg in die Eng möglich: Der ideale Familienurlaub in den Bergen! Für kleine Kinder gibt es einen Spielplatz (links). Die Familienwanderungen sind abwechslungsreich, besonders die Bäche und Schluchten mit dem rauschenden Wasser.

JODEL-DIPLOM AUF DER BRÜNDLINGALM

DÖ DUDL DÖ – DA HAT MAN DANN WAS EIGENES

Die Brüder Christian und Sebastian Auer reisen extra aus Mariazell in der Steiermark an – die beiden Österreicher haben von ihren Eltern Gutscheine für den eintägigen Jodelkurs bei Josef Ecker geschenkt bekommen. Der Musiklehrer gibt auf der Bründlingalm seit 20 Jahren Jodel-Seminare.

Von Alm zu Alm, hoch oben in den Bergen, nahm das Jodeln seinen Ursprung – vor Jahrhunderten, vielleicht sogar vor Jahrtausenden. Christian und Sebastian Auer sind zwei fesche drahtige Burschen. Sie wollten die alpenländische Stimmkunst schon lange lernen, und so zogen die Brüder ihre steirischen Lederhosen an, passend zum Anlass. Es beeindruckt sie, dass es Jodeln schon seit historischen Zeiten gibt und es früher die einfachste Möglichkeit war, um über große Distanzen hinweg zu kommunizieren. Durch Jodeln verständigten sich Hirten und Senner untereinander, ohne dass ein weiteres Hilfsmittel nötig war, wie etwa ein Alphorn.

Jodeln ist wortloses Singen, ein Juchzen und Jubilieren mit einer Aneinanderreihung von Silben. Typisch sind große Intervallsprünge, ein weiter Tonumfang und der spontane Wechsel zwischen Brust- und Kopfstimme. Der Sprung in hohe Tonlagen ist beim Jodeln beliebt, das geschieht oft auf einem »E« oder »I«. Diese Vokale lassen sich besonders hoch singen.

JODELN – KOMMUNIKATION OHNE WHATSAPP

Mit textfreien Juchzern ist Verständigung leicht. Jodeln überbrückt sehr weite Distanzen und ist deshalb nicht nur in bergigen Gegenden von Vorteil, sondern überall dort, wo es unwegsam ist. Almleute, Hirten und Waldarbeiter nutzten das Jodeln, um sich damit Informationen zuzurufen. Ein Yldidelladi Hilje-i-rio-i-rio-i-rio konnte dem weit entfernten Kollegen etwa ein Zeichen sein, dass Hilfe gebraucht wurde. Oder es ließ ihn umgekehrt wissen, dass die anderen bereits auf dem Weg zu ihm waren. Auch das Vieh wurde oft mit Jodlern gelockt. Die Täler sind zugänglicher geworden, und auch von Alm zu Alm verständigen sich die Senner heute über WhatsApp – falls es die Funkverbindung erlaubt. Überhaupt: Musik konsumieren die meisten Zeitgenossen aus der Konserve. Warum

KULINARIK UND MUSIKGENUSS

Ausgangspunkt: Talstation Wanderparkplatz Hochfellnbahn. Gehzeit 20 Minuten
Anfahrt: Über die A8 München-Salzburg, Ausfahrt Bergen. Direkt zur Talstation Hochfellnbahn oder weiter zum Wanderparkplatz Kohlstatt (Richtung Grabenhäusl, Endweg). Alternative Anfahrt zur Steinbergalm. Öffentliche Verkehrsmittel: Mit dem Zug nach Ruhpolding. Vor Ort mit der Ruhpoldinger Dorflinie zu den Ausgangspunkten Wanderparkplatz Kalkofen bzw. zu den Bergbahnen Steinbergalm und Hochfellnbahn.
Gehzeit: Von Ruhpolding über die Steinbergalm (2.30 Stunden); vom Parkplatz an der Steinbergalm (45 Minuten); von der Mittelstation der Hochfellnbahn (15 Minuten); von der Talstation der Hochfellnbahn in Bergen (1.30 Stunden); vom Wanderparkplatz Kohlstatt (1.15 Stunden). Mit der Bahn: 15 Minuten
Tourendaten: Hochfellnseilbahn auf 1.167 Hm, Gehzeit: 15 Minuten, ab Bergen Wanderparkplatz Kalkofen ca. 1.30 Stunden, ab Ruhpolding Parkplatz Steinbergalm ca. 45 Minuten

Alle Teilnehmer erhalten Noten für über ein Dutzend Jodelstücke – von getragen bis übermütig hat der Jodelkaiser alle Genres im Portfolio.

hat dem Jodeln nicht schon längst das letzte Stündlein geschlagen? Durch volkstümliche Massenveranstaltungen mit Marianne und Michael, Hansi Hinterseer, den Herzbuben und Schürzenjägern degradierte sich das einst so archaische Jodeln zur Volkstümelei, zu einer lukrativen Geldquelle der Unterhaltungsindustrie.

»Das spielt hier keine Rolle. Jeder kann jodeln lernen und am eigenen Leib erleben, wie gut es tut!«, sagt Josef Ecker, der Musikpädagoge, der einst in Österreich den Ehrentitel »Jodelkaiser« bekam. Der steht seitdem sogar als Künstlername in seinem Pass. Für Ecker ist Jodeln durchaus zeitgemäß, eine wichtige alpenländische Tradition und ein urbayerisches Kulturgut: »Was die SMS für uns ist, war früher der Jodler.« Gemeinsam mit 20 weiteren Schülern und Seiner Kaiserlichen Jodelhoheit geht es für Christian und Sebastian mit der Seilbahn den Berg Hochfelln hinauf. Schon in der Bahn überrascht Ecker seine Schüler mit der ersten Darbietung: »Jui-ju-hi-hu-hui« und der Aufforderung an alle, es ihm in der engen Gondel gleichzutun. Kichern. Schließlich kommt zaghaft der erste Jodelversuch zurück.

JUBELTÖNE AUS DEN BERGEN

Verständigung ist nicht alles, wenn es ums Jodeln geht. Das Jubilieren in den Bergen kann auch rein ästhetischer Natur sein. Eine Theorie zum Ursprung des Jodelns in den Alpen besagt, dass die großen Intervallsprünge und der weite Tonumfang ein musikalisches Bild des Gebirges zeichnen wollen. Das Jodeln gleicht demnach in seinen Höhen und Tiefen der Berglandschaft.

Eckers Kurse finden unter freiem Himmel im Gebirge statt – inklusive Lockerungs- und Beckenbodenübungen plus Stimmbildung. Dass Jodeln erdet und beruhigt, haben Christian und Sebastian Auer schon mehrmals gelesen. Fühlt man sich angespannt, kann so

Wie bei Loriot: Hier wird nicht nur Musik gemacht. Sondern diplom-gejodelt.

ein Jodler unglaublich befreiend wirken. Allerdings liegt das möglicherweise auch daran, dass die Veranstaltung Assoziationen weckt: Stichwort Loriot und sein Sketch »Jodel-Diplom«. Die Posse wird an diesem Tag sehr oft feixend zitiert.

ARCHAISCHE KULTURTECHNIK DER VORFAHREN

Auf der Bründlingalm reihen sich Christian und Sebastian Auer in einen Halbkreis ein, nur ein paar Schritte neben dem Wanderweg. Sie strecken die Zunge heraus, schneiden Grimassen und klopfen sich gegenseitig den Rücken ab. »Die Stimme muss aufwachen«, erklärt Ecker, der seine Jodelklasse anschließend in drei Gruppen einteilt. Allerdings nicht in Sopran, Alt und Tenor, sondern in Gockel, Hühner und Küken. Mit dem Federvieh geht es thematisch weiter zum nächsten Programmpunkt.

Beim Lied »Bibihenderl« singen Christian und Sebastian sofort lautstark mit. Sie kennen es seit dem Kindergarten. Den nicht-alpenländischen Teilnehmern der Gruppe übersetzt Ecker die jodelfreien Passagen: »A Bibihenderl ist ein Küken.« Dann wird der Jodler-Refrain geübt. Die Schüler sprechen dem Meister nach: »Yoldudelladio Huljo-i-rio-i-rio-i-rio«. Ein Zungenbrecher wie in Loriots Sketch. Irgendwo eine versteckte Kamera?

»Prägt euch die Silben ein. Auswendig jodeln ist Anti-Aging«, ermahnt Ecker und spielt mit dem Akkordeon dazu. Die anfängliche Schüchternheit ist bei den meisten mittlerweile verschwunden, es wird viel gelacht. Der Musikpädagoge weiß zu motivieren. Er wünscht sich, dass der Gesichtsausdruck bei den Frauen »bittschön recht wild« sein soll und ermuntert die »Mannsbilder sich zukünftig mit Hilfe des Jodelns daheim immer Gehör zu verschaffen«. Wan-

Am Ende des Tagesseminars überreicht der Jodelkaiser Josef Ecker den Brüdern Christian und Sebastian Auer das Jodeldiplom.

derer bleiben stehen und schauen dem ungewöhnlichen Chor verwundert zu. Aus voller Kehle schmettert die Gruppe: »Yoldudelladio Huljo-i-rio-i-rio-i-rio!«

AM BESTEN IN FREIER NATUR

Die Jodelklänge lassen sich im Kurs schnell umsetzen, freut sich Ecker, der Lederhose, kariertes Hemd und Haferlschuhe trägt. Schon nach kurzer Zeit beherrschen seine Schüler den »Almjodler«, das »Bibihenderl« und »Hätt i di«. Immerhin hat der Musiklehrer zwei Jahrzehnte Erfahrung. Er versucht immer, seine Jodelkurse in freier Natur anzubieten. Am besten auf einer Alm. Zugegeben: An einem Tag lassen sich nur erste Einblicke in die uralte Kulturtechnik des Jodelns gewinnen. Besonders Motivierte könnten aber auch einen Fortgeschrittenenkurs buchen oder mit Eckers Jodel-Lern-CD üben.

Höhepunkt jeder Veranstaltung ist die Vergabe des begehrten Jodel-Diploms. Ecker überreicht Christian und Sebastian Auer feierlich ihr Zertifikat. Schmunzelnd halten sie es in Händen. Seit dem Loriot-Sketch assoziiert man mit dem Jodel-Diplom einen gänzlich unnötigen Bildungsabschluss. Ecker sieht das ganz anders. Er rät den Brüdern augenzwinkernd, das Diplom weit vorn in die Bewerbungsmappe zu legen. Die lachen: »Wir überlegen, ob wir auch noch den Fortgeschrittenenkurs machen.« Erst einmal wollen die Brüder aber daheim mit ihrer Trainings-CD üben. Ecker lobt und ist sich sicher: Das klappt auch zweistimmig – die beiden haben Talent.

WER KO, DER KO

Alles zum Jodel-Seminar von Josef Ecker wie aktuelle Termine, Preise und Informationen findet man unter www.jodelseminar.de.

HAUPTALMBEGEHUNG

POLITISCHER ALMAUFTRIEB

Jedes Jahr laden Bayerns Almbauern zur Hauptalmbegehung ein. Bei gutem Wetter folgen bis zu 1100 Interessierte dem Aufruf zum öffentlichen Wandertag. Wer sich für Almen interessiert, sollte sich diesen Termin nicht entgehen lassen: Nur an ihm kommt man so vielen Sennern auf einmal nahe – und kann Minister in legerer Kleidung duzen.

Der große Tag beginnt um 9 Uhr. Schon zu Beginn der Wanderung gibt es Kaffee, Kuchen, Brot, Käse und Wurst. Der Pfarrer ist der erste Sprecher am Mikrofon: »Herr, du hilfst Menschen und Tieren.« Das Wohlergehen aller Geschöpfe liege Gott am Herzen, auch das der Tiere. Wie gut es die Rinder hier haben! Der Pfarrer sprenkelt mit Weihwasser. Zeitgleich verschaffen sich die Ehrengäste Gehör. Denn genau als Georg Mair, Vorstand des Almwirtschaftlichen Vereins Oberbayern (AVO), nach dem Segen zur Eröffnungsrede übergehen will, läuten die Glocken – Kuhglocken.

Mehrere Rinder trotten neugierig den Bergrücken zur Schmiedalm herunter. Fast zaghaft mischen sie sich unter die Besucher, ihre Schellen bimmeln. Als schüttelten sie den Kopf über das, was sich heute auf ihrer Weide – in ihrer Speisekammer! – abspielt. Die bayerische Wirtschaftsministerin Ilse Aigner lässt sich die Handflächen abschlecken, eine freche Jungkuh hat sich herangetraut.

25 °C, wolkenloser Himmel – der AVO-Vorsitzende Georg Mair und seine Almbauern-Kollegen hätten keinen besseren Tag erwischen können. Viele von ihnen informieren sich bei der Hauptalmbegehung über die Arbeit der Kollegen und Spezln. Sennerinnen treffen Freundinnen, auch Landräte und Bürgermeister sind eingeladen. Denn wo könnten die Politiker besser für die Anliegen der Almbauern sensibilisiert werden als in deren Zuhause: den Almen.

WANDERND POLITIK BETREIBEN

Seit der Gründung des AVO 1947 gibt es diesen Festtag jedes Jahr. Die Begehung dient den Almbauern als wichtige Plattform, um sich und ihre Arbeit der Öffentlichkeit zu präsentieren. Sechs oberbayerische Alpenlandkreise gibt es, und jedes Jahr ist eine andere Region Ziel der Wanderer. Die Almen werden auf einer Rundtour von den jeweiligen Eigentümern oder Pächtern vorgestellt. Bei 710 Almen sind die Routen fast unerschöpflich.

Traditionell ist viel Politik-Prominenz zu Gast. Besonders die Nöte der Almbauern kommen zur Sprache. Besorgte Landwirte sprechen dann direkt mit Politikern: über Ärger mit Mountainbikern, den niedrigen Milchpreis und die mögliche Wiederansiedlung von Wölfen. Sich die Almlandschaft zu erwandern, spielt aber die Hauptrolle. Und sich zur Belohnung nach jeder Etappe an den Almen, ihren Bewohnern und ihren Spezialitäten zu erfreuen. Stolz präsentieren sich die auf dem Weg liegenden Almen als kulinarischer Zwischenstopp. Anstatt des üblichen kleinen Ausschanks herrscht Hochbetrieb und Volksfeststimmung. Bekannte umarmen und herzen sich: »Wia schee, bist aa wieda dabei!«

Alle Parteivertreter stecken in Wanderkleidung oder Tracht, egal ob Lokalpolitiker oder Europa-Parlamentarier. Außer einem. Man sieht es gleich: (CSU-)Landwirtschaftsminister Helmut Brunner kann dieses Mal nicht mitwandern. Er kommt im Anzug, mit gebü-

›› *Auf der Hauptalmbegehung kann man alle duzen. Auch die Minister.* ‹‹

geltem Hemd und Krawatte. Er bedaure es sehr, aber leider warte ein Anschlusstermin auf ihn. Für eine kurze Rede ist trotzdem Zeit: »Ich war der einzige Minister, der die Anbindehaltung verteidigt hat.« Tosender Applaus. Die Almbauern finden es ungerecht, dass der Laufstall als Inbegriff des Tierwohls gilt, der Anbindestall dagegen pauschal als Tierquälerei. Denn im Sommer auf der Alm ist der Umgang mit Vieh, das den Winter über im Stall angebunden war, wesentlich leichter.

Zur Verdeutlichung: Bei der Haltung im Laufstall sind die Tiere zwar freier, aber auch wilder. Sie hören wenig auf die Menschen, die sie versorgen. Das ist auf der Alm ein Nachteil, wenn der Senner das Vieh bei Gewitter zügig zu einem Unterstand bringen muss. Für sein Engagement wird Brunner von den Almbauern sehr geschätzt. Viele Almleute wollen »ihrem« Helmut zum Abschied die Hand schütteln – und ringen ihm das Versprechen ab, nächstes Jahr wieder die ganze Strecke mitzuwandern. »Ja, freilich!«, verspricht er winkend, bevor er geht.

PARADIESISCHE AUSZEIT

Jetzt sind die Ministerinnen Ilse Aigner und Ulrike Scharf an der Reihe. Aigner ist die einzige Politikerin, die nicht alle Würdenträger und Ehrengäste einzeln begrüßt. Sie beginnt ihre Rede schlicht mit: »Liebe Almbauern!« Was sie immer wieder beeindrucke, sei die Leidenschaft der Almbauern und Senner. Nicht zu vergessen deren nachhaltiges Wirtschaften. »Ich weiß, was das für eine große Leistung ist.« Nur durch die Almwirtschaft könne die alpine Kulturlandschaft erhalten werden. »Ach, die Ilse«, schwärmen die Wanderer und schütteln ihr die Hand. Sie scheint den Tag zu genießen und kommt jedes Jahr, egal welche Wahlkampfstrapazen oder Machtintrigen sie sonst beschäftigen. Kein Wunder, dass sie für die Almbauern schon so vertraut ist wie eine Cousine aus der Stadt.

Mittlerweile sind die meisten vom Kaffee zum Bier übergegangen, Bügelverschlüsse ploppen auf. »Was für eine paradiesische Auszeit« oder: »Wir sollten wieder öfter in die Berge gehen« – solch gute Vorsätze hört man überall von Wanderern und Würdenträgern. Auch von der wohlig seufzenden Ilse Aigner.

Zeit für die Mittagsrast. Am höchsten Punkt der Wanderung kommen die Almbauern zu ihrem größten Problem. Es wird Zeit, über den Wolf zu reden, der hier oben nur »der große Beutegreifer« heißt. Aigners Partei-Kollegin, Umweltministerin Ulrike Scharf, appelliert an ein Miteinander von Wolf und Almtieren. Was bleibt ihr als Umweltministerin auch übrig? Das greift Grünen-Politiker Anton Hofreiter auf, der zum ersten Mal überhaupt bei der Begehung dabei ist. Für ihn hat der Wolf eine klare Daseinsberechtigung in den Alpen. Ein Raunen geht durch die Menge, fast, als würde ein Rudel feindselig zu knurren beginnen.

Bei schönem Wetter kommen über tausend Besucher zur jährlichen Hauptalmbegehung. Jedes Jahr sucht der Almwirtschaftliche Verein Oberbayern (AVO) eine andere Region aus. Wer regelmäßig kommt, lernt viele Almen, Senner und Wanderwege kennen. Manchmal sogar Politprominenz.

Volksfeststimmung: Selbst für die Tiere ist es ein aufregender Tag, wenn sie mit so vielen Zweibeinern zusammentreffen.

»Weidehaltung und Wolf, das ist zusammen unmöglich«, widerspricht Georg Mair und reckt die Faust. Für die Almwirtschaft stellt die Wiederansiedelung von Wölfen eine ernstzunehmende Gefahr dar: Denn wenn Wölfe durch Hetzjagden Panik unter den Tieren auslösen, kann es vermehrt zu tödlichen Abstürzen kommen. Das Vieh verendet oft qualvoll. In Südtirol und in den Pyrenäen gaben Almbauern bereits wegen Wolfsschäden auf. Keine staatliche Prämie der Welt könne diese Verluste ausgleichen. Vor so vielen Wolfsgegnern weist Umweltministerin Scharf kleinlaut darauf hin, dass das Thema eigentlich auf europäischer Ebene geregelt werden müsse. Einverstanden, sagen die Bauern, die in ihrer Nähe sitzen. Dann sollen eben die in Brüssel die Erfahrungen mit Wolfsrudeln in Norddeutschland, der Schweiz, Frankreich, Spanien und Slowenien zur Kenntnis nehmen.

VON WÖLFEN UND FLÜGELHÖRNERN

Keine noch so aufwendige Präventionsmaßnahme kann Wölfe von Weidetieren fernhalten, nicht einmal elektrische Zäune. Auch die klügsten Hirtenhunde helfen nicht. Anton Hofreiter, der mittlerweile im Unterhemd wandert, wird hellhörig. Der Schweiß fließt in Strömen, nicht nur bei ihm. »Du, Toni«, sprechen ihn die Wanderer an und verwickeln ihn in Umweltdebatten. Oder fragen: »Wie lange dauert es noch bis zur Laubensteinalm?«

Normalerweise argumentieren Umweltschützer wie Hofreiter, eine Wiederansiedelung des Wolfs stehe für eine intakte Natur. Aber hier sieht das niemand so. Im Gegenteil: Die Almwirtschaft sei der beste Naturschutz. Almweiden sind oft die letzten Rückzugsgebiete intakter Ökosysteme. Werden Almen aufgegeben, sind Verkarstung, Vermurung und Erosion die Folgen; die aufeinander eingespielte, artenreiche Flora und Fauna geht verloren. Ganze Täler wären in wenigen Jahrzehnten unbewohnbar.

Hofreiter wandert klaglos und nachdenklich die gesamte Strecke von 13 Kilometern mit. Bürger und Bauern sprechen ihn immer wieder an. Dann wischt er sich das lange nasse Haar aus dem Gesicht und stellt sich allen Gesprächen. Naturschutz, hm, ja. Die meisten anderen Politiker haben sich mittlerweile abholen lassen. Oder sind per Allradantrieb auf halber Strecke von dannen gezogen. Wo ist eigentlich Ilse?

Jede Alm hat sich für die Hauptalmbegehung herausgeputzt. Die einen servieren Mittagessen, die anderen Kaffee und Kuchen. Mal kommen Politiker zu Wort, mal spielt die Musik auf. Die meisten Besucher kommen in Tracht.

Auf der Laubensteinalm spielt die Sennerin Martina Fischer Flügelhorn, gemeinsam mit ihrem Mann und Musikerkameraden vom Tal. Es gibt zehn verschiedene Kuchen, Dutzende Thermoskannen mit Kaffee stehen bereit. Auch der Biervorrat reicht. Als die Blasmusik verebbt, kommt die Sprache auf die Mountainbiker. »Die fahren trotz Sperre«, klagt Alois Willibald von der Vorderen Baunalm. Die meisten Almbauern sorgen sich. Wenn den Radlern etwas passiere, »müssen wir haften«. Kein düsteres Schwarzmalen, weiß Thomas Müller von der Hirschenalm: Er bekam vor Gericht eine Teilschuld, nachdem ein Radler über seinen Stacheldraht gestürzt war – obwohl der Weg für Radler gesperrt ist und ein Warnschild auf den Draht hinweist. Ein klares Fehlurteil für alle Anwesenden. Ilse Aigner meldet sich zu Wort, da will sie nachhaken. Die Almbauern seien schließlich weit früher als die Freizeitsportler da gewesen. Ohne sie gäbe es gar keine Landschaft, auf der sich Sportler austoben könnten. Wo bleibe der gesunde Menschenverstand? Dafür bekommt die Ministerin ungefragt einen Kaffee und zwei Stück Kuchen hingestellt. »Danke, Ilse«, sagen Vorübergehende.

FESTTAGSSTIMMUNG BEI EISGEKÜHLTEM HELLEM

So wandert die Karawane bis zum Spätnachmittag weiter, leidenschaftlich diskutierend. Die einen sind in Funktionswäsche unterwegs, die anderen in Tracht – aber alle eint das Feiertagsgefühl. Mit jeder Alm, die der Tross passiert, steigt die Stimmung – auch wenn sich die Gruppe mittlerweile in die Länge zieht wie eine angeblasene Luftschlange. Die einen bleiben sitzen, die anderen müssen heim zum Melken. Bauern eben, die Mehrheit hier.

Die Wenigsten kommen nur wegen der politischen Debatten, obwohl sie sehens- und hörenswert sind. Sie kommen auch nicht deshalb, weil man alle Menschen ab 1000 Metern Höhe duzen darf, sogar Minister. Die meisten sind angereist, um einen Festtag wandernd in den Bergen zu verbringen. Viele der über 1100 Besucher machen sich darum schon während der Reden auf zur nächsten Station. So wichtig ist das ganze Politisieren doch nicht. Auf der Alm spielen einfach die Weiden, die Tiere und ihre Produkte die Hauptrolle. Außerdem lockt das Weiterwandern zu sehr. Und eine weitere Flasche Bier – frisch gekühlt aus dem Gebirgsbach.

30 JAHRE ALMERFAHRUNG

INTERVIEW MICHAEL HINTERSTOISSER

Die oberbayerischen Almbauern sind im AVO (Almwirtschaftlicher Verein Oberbayern) organisiert. Von 1992 bis 2017 war Michael Hinterstoißer dort Geschäftsführer. Hier beantwortet er die wichtigsten Fragen zum wahren Leben auf der Alm.

Wie viele oberbayerische Almen gibt es?
710. Und diese Almen werden zum Glück schon seit Jahrzehnten nicht mehr aufgegeben. Aber es kommt vor, dass eine Alm für ein Jahr oder für wenige Jahre nicht bewirtschaftet wird. Ein Landwirt hat z. B. im letzten Jahr pausiert. Vorsorglich, zum Schutz seiner Tiere vor dem Wolf.

Wird sich der Wolf in Oberbayern tatsächlich wieder ansiedeln?
Der Wolf wird sich weiter ausbreiten, weil er streng geschützt ist. Die Almbauern wollen seine Ausbreitung im Berggebiet aber unbedingt verhindern.

Warum?
Die weitläufigen Almflächen können einfach nicht wolfsicher eingezäunt werden. Es gibt im Gebirge so viele Felsen, Gräben und Unebenheiten. Auch Herdenschutzhunde sind in Wandergebieten ungeeignet, weil sie ihr Revier auch gegen Touristen oder Mountainbiker verteidigen. Nicht nur der Wolf, sondern auch die sensiblen Weideflächen mit ihrer einzigartigen Pflanzen- und Tierwelt müssen geschützt werden.

Almen sind also nicht nur für die Viehwirtschaft wichtig, sondern auch für den Naturschutz?
Sehr wichtig sogar! Viele Almen liegen in Landschafts- und Naturschutzgebieten. Es gibt dort eine so hohe Artenvielfalt wie auf anderen landwirtschaftlichen Flächen schon längst nicht mehr.

Die einzigartige Flora und Landschaft ist ja auch Grund für viele Touristen, zu Almen hinaufzuwandern.
Ja, und umgekehrt. Der Tourismus ist meist positiv für die Almbauern. Durch den Ausschank bekommen sie zusätzliche Einnahmen.

Gibt es auch Nachteile?
Ja, leider. Wenn Wanderer Hunde nicht anleinen. Oft lassen sie auch Gatter offen, und die Weidetiere brechen aus, verursachen Unfälle oder verunglücken selbst. Außerdem gab es schon diverse Unfälle mit Mountainbikern. Auch die Verschmutzung des Wassers in den Tränken ist ärgerlich. Es wissen ja nur die Menschen aus der Landwirtschaft, dass Rinder kein verschmutzes Wasser trinken. Da sind die Senner gefordert – sie müssen die Touristen darauf hinweisen.

Gibt es viele Senner und Sennerinnen auf Almen, die nicht von einem Bauernhof kommen? Sondern aus ganz anderen Berufen?
Ja. Vom Handwerker über die Pflegekraft oder den Arzt bis hin zu Studenten und Rentnern ist alles dabei. Auch Selbstständige zieht es auf die Alm. Wenn ich so zurückdenke – sogar ein Kirchenmaler hat mal bei uns nach einer Almstelle gefragt.

Wie erklären Sie sich die heutige Sehnsucht nach dem Almleben?

Überfluss, Hektik und Stress bestimmen oft das Leben. Um dem zu entkommen, braucht man Abstand, und den findet jeder auf der Alm. Die Sehnsucht nach der Natur, die Liebe zu den Tieren und die Unabhängigkeit von den Zwängen der Zivilisation prägen das Almleben. Die Almleute empfinden ihre Zeit auf der Alm als sinnstiftend im Leben. Trotz oder vielleicht gerade wegen des hohen und anstrengenden Arbeitspensums.

Von welchen Illusionen muss man sich als zukünftiger Senner verabschieden?

Almwirtschaft hat nichts mit Bergromantik und Freizeit zu tun. Es ist harte und verantwortungsvolle Arbeit, auch an Sonn- und Feiertagen und bei schlechtem Wetter. Es gibt keinen Acht-Stunden-Tag, weil Tiere grundsätzlich immer beaufsichtigt werden müssen. Wer viel Geld verdienen will, sollte sich nicht für die Arbeit auf der Alm bewerben.

Der AVO vermittelt Senner. Wie steht es um Angebot und Nachfrage?

In den vergangenen Jahren gab es immer deutlich mehr Bewerber als freie Almstellen.

Wie läuft so eine Bewerbung ab?

Die Bewerber können sich schriftlich per Brief oder E-Mail beim AVO melden und sollten neben den persönlichen Daten auch begründen, warum sie eine Almstelle möchten. Die Bewerbung kann Wünsche enthalten, z. B. was die bevorzugte Region betrifft, ob man ausschließlich Jungvieh betreuen will, ob man Lust

auf einen Almausschank hat. Der AVO gibt dann die Adressen der Bewerberinnen und Bewerber an die Almbauern weiter, die Personal suchen. Und der Almbauer nimmt Kontakt mit ihnen auf.

Und wie viel verdient man als Senner oder Sennerin?
Der Lohn wird zwischen dem Almbauern und dem Personal ausgehandelt. Es ist eine Saisonanstellung, bei der keine hohen Löhne bezahlt werden können. Außerdem sind die Almen sehr unterschiedlich. Es gibt große Almen mit vielen Tieren, bei denen das Gelände unübersichtlich ist. Da ist die Tierbeaufsichtigung deutlich aufwendiger als bei kleinen Almen. Natürlich gilt auch auf der Alm der Mindestlohn. Aber mit Idealismus und der rechten Einstellung erwirbt man während des Almsommers sowieso Schätze, die länger halten als jeder Euro.

Und zuletzt: Was ist Ihr Tipp für »Alm-Frischlinge«, die keine große Wandererfahrung mitbringen, aber doch das echte urige Almleben erleben wollen?
Vom Watzmann bis zur Zugspitze gibt es so viele Wanderziele, dass ich sie gar nicht alle aufzählen kann. Für einen Überblick empfehle ich deshalb die Teilnahme an der Hauptalmbegehung des Almwirtschaftlichen Vereins Oberbayern. Da werden mehrere Almen besucht und vorgestellt. Bei so einer Großveranstaltung kann sich auch ein »Alm-Neuling« umfassend informieren. Und von erfahrenen Almwanderern bekommt er dabei auch sicher Tipps für weitere Touren.

WEITERE INFORMATIONEN

Unter der Kontaktadresse des AVO (www.almwirtschaft.net) erhält man alle Infos zur Bewerbung als Almpersonal und wann die jährliche Hauptalmbegehung stattfindet.

MORDAUALM

›› Jeden Morgen blicke ich auf den Watzmann.‹‹

Senner Franzi von der Mordaualm

AUF D'SEITN!

Alles ist so nah: das Klagen der Käuze, das Bellen der Füchse, das Fauchen der Dachse. Auch der schneebedeckte Watzmann, zweithöchster Berg Deutschlands, und auf der anderen Seite der imposante Hochkalter mit dem Blaueisgletscher. Kein Wunder, dass auf der Mordaualm die Legenden blühen, z. B. die Geschichte vom Watzmann, der samt seiner Familie zur Strafe für seine Herzlosigkeit versteinert wurde.

Auch die Mordaualm selbst umgibt eine gruselige Sage. Sie handelt von Mord und Totschlag und einer verwickelten Dreiecks-Liebschaft, die 200 Jahre zurückliegt: Angeblich konnte sich eine Sennerin nicht zwischen zwei Verehrern entscheiden – was alle Beteiligten das Leben kostete. Der verliebte Hütejunge stürzte ab, als er ein Edelweiß für seine Angebetete suchte, die Sennerin und ihr heimlicher Geliebter wurden von marodierenden Soldaten ermordet.

Auch wenn der Name Mordau furchteinflößend klingt, bei der Ankunft auf der Alm erlebt man das Gegenteil: Sie liegt malerisch und einladend auf 1200 Metern Höhe im Lattengebirge. Insgesamt drei Bauern, zwei aus dem Bergsteigerdorf Ramsau und einer aus Bischofswiesen, bewirtschaften die Kaser (Almhütten). »Keine Angst, umgebracht wurde hier niemand«, sagt »Kedei« und lacht.

BELIEBTE EINKEHR AM RAMSAUER ALMERLEBNISWEG
Ausgangspunkt: Parkplatz Taubensee
Anfahrt: A 8 bis Berchtesgaden, von dort nach ca. 6 km beim Ramsauer Fußballplatz vorbei und bei der anschließenden Kreuzung geradeaus weiter auf der Alpenstraße; nach ein paar Kilometern befindet sich der Parkplatz auf der linken Seite. Oder mit der Ringlinie Ramsau-RVO 845 bis zur Haltestelle »Taubensee« (außerhalb der Fahrplanzeiten: Rufbus Berchtesgaden)
Tourencharakter: Leichte, kurze Wanderung auf asphaltiertem Weg
Gehzeiten: Aufstieg: ca. 1 Stunde, Abstieg: ca. 45 Minuten
Tourdaten: 300 Höhenmeter, 5,2 Kilometer

»Kedei«: So nennen die Einheimischen den Ramsauer Landwirt Franz Kuchlbauer, einen der drei Almbauern hier oben. Er kratzt sich über die borstigen blonden Haare und stellt seinen Fuß auf die Treppenstufe wie auf ein erlegtes Tier. Mit Legenden kennt er sich aus! Breites Grinsen. Denn Kuchlbauer ist der Ururenkel des berühmten Johann Grill, dem »Kederbacher«, Deutschlands erstem anerkannten Bergführer, der 1881 die Watzmann-Ostwand durchstieg. Als Pionier, in 14 Stunden!

Milchkühe, Schweine und Hennen: Viel Arbeit für Senner Franzi

Mordaualm
1200m
Kederbachkaser

Bitte
Läuten

Luzi
Susi

Vier Milchkühe versorgt Senner Franzi auf der Mordaualm. Dazu zwei Schweine und ein halbes Dutzend Hennen.
Linke Seite: Für den großen Feiertag, den Almabtrieb, kommen die Helfer in Tracht.

GIPFEL DER GENÜSSE

In Sachen Gipfel ist auch der Ururenkel ein Vorreiter, allerdings eher kulinarisch als durch Beinarbeit: Er engagiert sich sozusagen für die »Gipfel der Genüsse« und bewirtschaftet neben seinem Talhof Kederbachlehen auch die Mordaualm mit der Almhütte Kederbachkaser und der dazugehörigen Hochalm Lattenberg. Auf der Mordaualm wird die Milch zu Butter und Käse verarbeitet, auf der Lattenbergalm stehen Mastochsen und Jungvieh. Seit zwei Jahren leben auf Kuchlbauers Hof auch ein Eber und zwei Säue des Schwarzen Alpenschweins, einer vom Aussterben bedrohten Rasse. Der Erhalt selten gewordener Nutztierrassen liegt dem »Kedei« am Herzen. Er hält auch seltene Schafe, wie das Kärntener Brillenschaf und Walliser Schwarznasen. Die weiden im Sommer ebenfalls auf seiner Hochalm.

Kuchlbauers Senner auf der Mordau – ebenso auf den Namen Franz getauft – ist zwei Jahrzehnte jünger als der Almbauer und wird Franzi genannt. Franzi ist gelernter Schreiner und will in den nächsten Jahren noch eine Ausbildung zum Landwirt machen, um später als Biobauer zu arbeiten. Auf der Mordaualm sammelt der 24-Jährige wertvolle Erfahrungen. Seine Vorgängerin verkünstelte sich mit ihrem Faible für Handarbeiten und Dekoration: Vor den kleinen Fenstern hängen geblümte Vorhänge, und auf der Bank um den Ecktisch liegen bunt gehäkelte Kissen.

ZWISCHEN KUHKINDERN UND WAGEMUTIGEN TEENAGERN

Franzi beugt sich so weit nach vorne, dass seine dichten Locken das Fensterholz berühren. Er schaut nach seinen Hühnern, die frei im Gelände herumlaufen. Der Spruch »Morgenstund hat Gold im Mund« ist auf ein Tuch gestickt, das an der Wand hängt. Franzi beginnt den Tag morgens um 5 Uhr, wenn das Morgengrauen sich aus der Nacht schält und der Nebel sich lichtet. Die aufgehende Sonne strahlt dann wie ein Suchscheinwerfer auf die markanten Zacken der Gipfel. Franzi saugt den Bergwind in die Lungen, wenn er sich zum Melken aufmacht. Seine Milchkühe spricht er mit ihren Namen an. »Ja, Scheckei, hob i die Ehre.« Wenn er das Melkgeschirr anlegt, lehnt er seinen Kopf an das

Für die Kühe ist die Sommerfrische erstmal vorbei – bis zum Almauftrieb im nächsten Sommer.

warme Fell und redet in einem beruhigenden Singsang: »Wie schaugt's aus, Goidl, du frechs Weibi?«

Neben den sieben Milchkühen sind acht Kälber hier oben, noch nicht einmal ein Jahr alt. Mit vier Monaten dürfen die Kleinen auf die Alm – und toben sich auf den Hügeln aus: beschnuppern neugierig die Alpenkräuter, stecken ihre Mäuler in Wasserlöcher, schütteln sich übermütig. Kalbinnen (auf Bayerisch »Koima«) gehören ebenso zur Viehherde. Die Kalbinnen hingegen sind Jungrinder, altersmäßig genau zwischen Kälbchen und Milchkuh. Franzi vergleicht sie gern mit wagemutigen Teenagern. Sie sind keine kleinen Kuhkinder mehr, haben aber auch noch nicht gekalbt, was sie zu Milchkühen machen würde. Wie sie sich wohl beim Almabtrieb benehmen, wenn ihnen ein Kopfschmuck aufgesetzt wird? Morgen steht der große Festtag an.

Franzi stellt seinen Melkschemel »auf d'Seitn«. Die Milchkühe warten darauf, dass er sie wieder auf die – am Ende des Bergssommers – arg kargen Almwiesen lässt. Alpha-Kuh Goidl stampft mit den Hufen, Nachbarkuh Scheckei schnaubt ungeduldig. Franzi löst ihre Riemen und öffnet die Stalltür, Sonnenstrahlen fluten durch den geöffneten Spalt. Es riecht nach Heu, Milch und Mist. Nur noch einen Tag wird Franzi hier sein und diesen Geruch um sich haben. Die Weiden haben ihr Grün verloren. Der Sommer ist vorbei.

JETZT WIRD AUFGEKRANZT!

Am nächsten Morgen liegt der Kopfschmuck für die Kühe ordentlich aufgereiht bereit. Die Kronen heißen hier Fuikl und sind wahre Prachtstücke. Senner Franzi läuft dagegen noch im Stallgewand hin und her. Franz Kuchlbauer alias »Kedei« und seine Freundin Angela treffen ein. Sie sind fein herausgeputzt in Dirndl und Lederhose. Angela, die selbst einmal Sennerin war, hat fleißig beim Fuiklbasteln geholfen. Freunde der Familie, die Treiber, verteilen Schnäpse. Sie sind zu siebt, denn der zehn Kilometer lange Weg zum Talbauernhof ist eine Herausforderung. Und die Rindviecher unberechenbare Verkehrsteilnehmer, selbst wenn es meist nur Forststraßen entlanggeht.

Spezialwissen Fuikl

Der 24. August ist der Stichtag, der Namenstag des Heiligen Bartholomäus. Erst ab diesem Datum beginnen die Senner auf den Berchtesgadener Almen die Fuikl zu basteln, die traditionellen Kronen zum Almabtrieb, die es als Kopfschmuck in dieser Form nur hier gibt.

Der Almabtrieb ist im ganzen Alpenland ein fester Bestandteil des Brauchtums. Ist der Sommer auf der Alm gut verlaufen und haben sowohl Senner und Talbauernfamilie als auch die Herde die Zeit unbeschadet überstanden, ist das ein Grund, dankbar zu sein. Dann werden die Kühe herausgeputzt und für den Abstieg ins Dorf festlich geschmückt.

Bei den Berchtesgadener Fuikln bilden Tannenbäumchen das Gerüst. Ast für Ast wird zu einem Bogen geformt und dann mit der Spitze wieder mit Draht am Stamm befestigt. Die Senner sind für einen einzigen Kopfschmuck zwischen zehn und zwanzig Stunden beschäftigt. Denn Rosen, Sterne und Mini-Kunstwerke aus hauchfeinen, bunten Holzspänen werden zum Ummanteln der kahlen Äste in mühevoller Handarbeit gefertigt und mit Garn angenäht. Bei manchen Rosen aus Holzspänen kommt noch ein Tupfer aufgepinseltes Gold an die Blütenspitzen.

Warum sind die Tiere beim Almabtrieb geschmückt? Einst war man sicher, dass böse Geister den Tieren auf dem gefährlichen Weg ins Tal auflauern. Doch Kronen, Buschen und Glockengeläut lenkten die Dämonen ab und vertrieben sie vom Abstiegsweg, so der Volksglaube. Sie konnten die Tiere hinter dem Schmuck nicht erkennen und ihnen deshalb nichts anhaben.

Historiker vermuten, dass schon vor rund 5300 Jahren Tiere oberhalb der Baumgrenze weideten. Belegt ist die Almwirtschaft seit der Römerzeit. Weil die Angst vor übernatürlichen Kräften, Hexen und Geistern groß war, ist es wahrscheinlich, dass die Senner dem wertvollen Vieh schon vor vielen Jahrhunderten Abwehrzauber aufsteckten und umhängten.

Jetzt wird aufgekranzt. Franz sucht für jedes Tier den vorbereiteten Kopfschmuck aus. Bis zu zehn Kilo wiegen die farbenfrohen Fuikl zusammen mit den riesigen Schellen. Und zum Aufbinden braucht es geübte Hände: Almbauer Franz hält fest, Senner Franzi streift der Kuh das Zaumzeug um Hörner und Maul, Angela befestigt die Krone. Die größten Kronen bekommen die Milchkühe, die Kalbinnen eine kleine, die Kälbchen einen Hörndlkranz. Einige sind aus Almrausch gebunden, andere aus Latschen oder Lärchengrün. Kreuze, Sinnsprüche und Wappen, kunstvoll verziert mit Silberdisteln und bunten Bändern, schmücken alle Tiere.

Goidl ist die Leitkuh, auch Glockenkuh genannt. Deshalb ist sie besonders prächtig ausstaffiert: in der leuchtenden Septembersonne sieht sie aus wie eine Grande Dame in Abendrobe. Kaum hat Goidl ihre Krone auf dem Kopf, ist sie nicht mehr zu halten. Den ganzen Almsommer über waren sie und Scheckei die braven Musterschülerinnen, an denen sich die jüngeren im Stall orien-

Stolz präsentiert Senner Franz den selbst gefertigten Aufkranzschmuck. Im Berchtesgadener Land werden die Kunstwerke »Fuikl« genannt.

Festlich herausgeputzt werden die Tiere beim Almabtrieb zurück in den heimatlichen Stall getrieben. Damit der Kopfschmuck von den Tieren nicht abgestoßen wird, beginnt das Anpassen schon ein paar Tage vor dem Abtrieb.

tierten. Jetzt sind sie berauscht wie zwei Halbwüchsige auf dem Oktoberfest. Ob sie den Heimatstall riechen können? Oder das Styling sie übermütig macht?

»Auf d'Seitn«, ruft Franzi, der mittlerweile auch in Lederhose und Hemd steckt. »Auf d'Seitn«, brüllen die Treiber. Und schon poltert die Herde die Forststraße hinunter, mit wehenden Kronen und Glockengeläut ungebremst Richtung Tal. Langsamer wird die Karawane aus Menschen und Rindern erst, als am Straßenrand Zuschauer stamperlweise Schnaps servieren. Nach der anfänglichen Aufregung verfallen alle in einen gleichmäßigen Trott. Ruhe kehrt ein.

WO DAS PRALLE LEBEN HERRSCHT

Nach zweieinhalb Stunden erreichen alle Zwei- und Vierbeiner wohlbehalten den Heimathof. Den Rindern werden die großen Kronen abgenommen, die kleinen Kränze bleiben noch. Alle Tiere rupfen gierig das Gras aus der Heimatwiese – als ob sie in den letzten Wochen auf der Alm nichts zu Fressen bekommen hätten. Auch Almbauer Franz wischt sich erleichtert übers verschwitzte Gesicht. Die Treiber klopfen sich auf der langen Bierbank übermütig auf die Schenkel und kühlen sich die heißen Hände an frisch eingeschenkten Gläsern. Es gibt Schweinsbraten mit Knödeln und Kraut für die Helfer, serviert von Angela.

Wer im Trubel genau hinhört, kann im offenen Verschlag den Eber und seine zwei Säue, die Schwarzen Alpenschweine, grunzen hören. Vielleicht sagt ihnen ihr Instinkt, dass sie heute noch Leckereien bekommen werden: Wenn die Kühe von der Alm zurück im Stall sind, bekommen die Schweine etwas von ihrer Milch. Und alles, was die raren Alpenschweine stärkt, ist für ihr Überleben hilfreich. Wäre der »Kedei« Franz nicht so ein Idealist – der Genpool dieser gefährdeten Rasse wäre womöglich schon aus seiner Heimat verschwunden. Von wegen Mord und Totschlag – bei Franz herrscht das pralle Leben! Für die Schwarzen Alpenschweine ist er sogar ein Lebensretter.

» Der Alltag fällt ab und die Menschen kommen mit sich und den Tieren ins Reine. «

MAKING-OF: AUS DEM ALLTAG GEBEAMT

Als wir vom Bruckmann Verlag das Angebot bekommen, ein Buch über oberbayerische Almen zu machen, stecken Peter von Felbert und ich in der Endphase eines Buches über Menschen im Ruhrgebiet. Oft arbeite ich bis 21 Uhr in München und fahre dann direkt mit dem Nachtzug los, um am nächsten Morgen in Dortmund, Bochum oder Essen zu sein. Eine Strapaze.

Ich kann daher mein Glück kaum fassen: Nach Peters soll nun meine Heimat mit einem gemeinsamen Buch dran kommen. Oberbayerische Almen. Alles in nächster Nähe. Von München aus ein Katzensprung. Wunderbare Wanderungen würden warten!

Sobald die Almsaison eröffnet ist, durchschreiten wir waldige Täler. Wandern an murmelnden Bächen entlang. Laufen auf fotogenen Pfaden inmitten der Natur. Jedoch: Freizeit-Wanderer überholen uns leichtfüßig, denn wir schwitzen mit bleischwerem Foto-Equipment auf dem Rücken.

Zum Fotografieren und Interviewen bleibt uns bei Ankunft oft keine Zeit, weil die hungrigen Wanderer mit uns auftauchen. Die Senner hingegen tauchen in die Küche ab, um Dutzende Käsebrote zu belegen. Einmal rechnet Peter mir vor, dass wir von Haustür zu Almtür länger gebraucht haben als von München ins Ruhrgebiet.

Gelegentlich, wenn wir die Fotoausrüstung mühsam hochgeschleppt hatten, ist das Almpersonal verschwunden. Weil eine Kuh vermisst und gesucht wird. Oder das Wetter schlägt um. Da stehen wir dann unverrichteter Dinge und im Schweiße unseres Angesichts – und wissen: das bedeutet nochmal kommen. Der Almabtrieb kann jedoch nicht nach hinten verschoben werden. Er macht unerbittlich Schluss.

Wenn die Zeit knapp wird, nehmen uns Talbauern in ihren Offroadfahrzeugen mit. Ich frage mich heute noch, wie ich mich zwischen Kübeln von Kraftfutter und Kartoffelsäcken so klein zusammenfalten konnte. Ich erinnere mich an ein anderes Mal, als ich mich an Baumaterial festkrallte, weil ich sonst bei jeder Kurve fürchtete, von der Ladefläche des Unimogs heraus katapultiert zu werden. Einmal war der Weg auf der Forststraße zur Alm so holprig, dass es sich anfühlte, als würde mir der boshafte Landrover die ganze Fahrt über von unten den Hintern versohlen. Dass das Ruhrgebietsbuch eine Strapaze gewesen sei, davon sprach ich seither nie wieder.

Im Schweiße des Angesichts – im wahren Wortsinn entstehen die Fotos, hier auf der Schärtenalm (links). Rechte Seite: Praktischer Unterricht im Schwenden für Landwirtschaftsschüler unter den wachsamen Augen von Alm-Dozent Michael Hinterstoißer. Beim Kopfstand regeneriert sich Autorin Karin Lochner vom Rucksack schleppen.

Und dennoch: Die drei Sommer des Almbuchs gehören zu den besten meines Lebens. Ich bin oftmals sprachlos, wie selbstverständlich die Tiere und ihre Almer miteinander leben. Ihre Ruhe. Wie sie sich ganz auf die Gegenwart einlassen. Josef Hornsteiner von der Rehbergalm: Er geht mit den frisch geborenen Lämmchen so liebevoll um, als wären es seine leibhaftigen Kinder. Ich fühle mich in seiner Gegenwart wie meine eigene Urahnin. Rausgebeamt aus dem Alltag des 21. Jahrhunderts. In eine Zeit, die augenscheinlich längst vergangen ist. Ich spüre, wie innig das Verhältnis der Menschen zu ihren Haustieren einst wohl war. Und wie respektvoll Menschen Tiere auch heute behandeln können.

Bei Martina auf der Bucheralm erleben wir die vorwitzigen Ziegen und wie gut Martina sie im Griff hat. Beim Almschnupperkurs eröffnet sich uns ein Bild der Glückseligkeit – wie gern sich die Milchkühe bei Maria melken lassen. Wie mit ihnen regelrecht geschmust wird. Auch wenn es Veganern schlecht wird, angesichts der Tatsache, dass wir Milch trinken. Oder Fleischessern, wenn wir der Wahrheit ins Auge schauen: dass wir diese Tiere irgendwann schlachten und essen werden.

Auf der Alm haben sie ein würdiges, naturnahes Leben. Die Tiere werden geherzt, mit Kosenamen bedacht und mit ihren Eigenheiten, ja Macken akzeptiert. »Mei oids Weibi«. So spricht Senner Andreas auf der Königsalm – zu einer Kuh, während er sie streichelt. Wie selbstverständlich ihm auch die Haflinger folgen. Ich habe Respekt, sogar Angst, als die Huftiere auf mich zugaloppiert kommen – obwohl ich aus einer Landwirtschaftssippe stamme. Andreas beruhigt sie allein mit seiner Stimme und dem beschwichtigenden Heben seiner Hand. Es kommt mir vor wie Hypnose, als sie knapp vor uns zum Stehen kommen.

All diese Erlebnisse sind kraftzehrende Wanderungen wert. Und jeden Schweißtopfen. Nicht zuletzt: der Kaiserschmarrn von Annemarie (Wettersteinalm) und der Topfenstrudel von Martina (jetzt Krottentaler Alm, vorher Laubensteinalm) sind legendär. Meilenweit gehen Wanderer für diese köstlichen Mehlspeisen.

Jetzt, nach drei Sommern Arbeit, ist das Almbuch da. Ich habe noch mehr Lust bekommen, mich in Zukunft auf Bergpfade zu begeben – nun mit leichtem Rucksack. Ich werde auf jeder Alm bestellen, was dort gemacht wird. Mich an den Hühnern, den Schweinen, den Kühen, erfreuen, an allen Tieren, deren Zuhause die Alm ist. Die Menschen und Tiere kommen dort miteinander ins Reine. Und deshalb wird die Alm immer ein Sehnsuchtsort bleiben.

Karin Lochner

Wir danken Susanne Krapfl und Marianne Huber, ohne deren Engagement dieses Buch nicht entstanden wäre.

Danke dem Almpersonal und den Talbauern, die uns ihre Pforten öffneten.
Dem Almwirtschaftlichen Verein Oberbayerns. Dem Berchtesgadener Land Tourismus, Tourismus Oberbayern München e.V. und Bayern Tourismus Marketing GmbH. Sie alle haben uns enorm unterstützt.
Danke an die Firma Deuter, die uns mit Rucksäcken ausstattete und an die Firma Meindl für Wanderschuhe.
An die Firma Leki für die Wanderstöcke und an Maier-Sports für die Hosen.

Karin Lochner und Peter von Felbert

IMPRESSUM

Verantwortlich: Marianne Huber, Susanne Kaufmann
Redaktion: Anette Späth
Layout: VerlagsService Gaby Herbrecht
Korrektorat: Gesa Wendhack
Repro: Ludwig:media
Umschlaggestaltung: coverdesign uhlig
Herstellung: Bettina Schippel, Kathleen Baumann
Printed in Slovakia by neografia

★★★★★

Sind Sie mit diesem Titel zufrieden? Dann würden wir uns über Ihre Weiterempfehlung freuen.

Erzählen Sie es im Freundeskreis, berichten Sie Ihrem Buchhändler, oder bewerten Sie bei Onlinekauf.
Und wenn Sie Kritik, Korrekturen, Aktualisierungen haben, freuen wir uns über Ihre Nachricht an Bruckmann Verlag, Postfach 40 02 09, D-80702 München oder per E-Mail an lektorat@verlagshaus.de.

Unser komplettes Programm finden Sie unter www.bruckmann.de

Alle Angaben dieses Werkes wurden von den Autoren sorgfältig recherchiert und auf den neuesten Stand gebracht sowie vom Verlag geprüft. Für die Richtigkeit der Angaben kann jedoch keine Haftung übernommen werden.

Bildnachweis: Alle Fotos stammen von Peter von Felbert.
Textnachweis: Alle Texte stammen von Karin Lochner.

Umschlagvorderseite, S. 190: Almabtrieb auf der Mordaualm
Umschlagrückseite: Oben: Die Priesberghütte ist für ihren Enzianschnaps so bekannt wie die Werdenfelser Alphornbläserinnen für ihre Musik. Unten: Mit »Fuikl« geschmückte Kuh beim Almabtrieb. Butter wurde traditionell in Holzmodeln geformt. Die Haflinger auf der Königsalm.
Seite 1: Einblick ins Almleben: blumengeschmücktes Fenster der Schärtenalm
Seite 2/3: Rehbergalm: Eine der Almen, die mit dem Hubschrauber versorgt werden muss, weil keine Forststraße hinauf führt.
Seite 4/5: So sieht die Sennerin der Staffelalm nahe Jachenau die waldreiche Gegend, wenn sie täglich ihre Tiere zählt.
Seite 6/7: Almabtrieb über den Königssee
Seite 8/9: Annemarie Graßl von der Schärtenalm bereitet ihren berühmten Goldtröpfchenkuchen vor.
Seite 10/11: Almschnupperkurs auf der Schlechtenbergalm bei Schlechtwetter

Die Deutsche Nationalbibliothek verzeichnet diese Publikation in der Deutschen Nationalbibliografie; detaillierte bibliografische Daten sind im Internet über http://dnb.d-nb.de abrufbar.

ISBN 978-3-7343-2133-7

Infanteriestraße 11 a
80797 München

Ebenfalls erhältlich ...

ISBN 978-3-7343-0926-7

ISBN 978-3-7343-0627-3

ISBN 978-3-7343-1085-0

ISBN 978-3-7343-1084-3

BRUCKMANN

www.bruckmann.de